A revolta do corpo

Alice Miller
A revolta do corpo

Tradução: Gercélia Batista de Oliveira Mendes
Revisão da tradução: Rita de Cássia Machado

wmf **martinsfontes**

Esta obra foi publicada originalmente em alemão com o título
DIE REVOLTE DES KÖRPERS
por Suhrkamp Verlag, Frankfurt, Alemanha
Copyright © Suhrkamp Verlag Frankfurt am Main 2004
Copyright © 2011, Editora WMF Martins Fontes Ltda.,
São Paulo, para a presente edição.

1ª edição 2011
3ª tiragem 2022

Tradução
GERCÉLIA BATISTA DE OLIVEIRA MENDES

Revisão da tradução
Rita de Cássia Machado
Acompanhamento editorial e preparação
Luzia Aparecida dos Santos
Revisões
Andréa Stahel M. da Silva
Marisa Rosa Teixeira
Edição de arte
Katia Harumi Terasaka
Produção gráfica
Geraldo Alves
Paginação
Studio 3 Desenvolvimento Editorial

Dados Internacionais de Catalogação na Publicação (CIP)
(Câmara Brasileira do Livro, SP, Brasil)

Miller, Alice
  A revolta do corpo / Alice Miller ; tradução Gercélia Batista de Oliveira Mendes ; revisão da tradução Rita de Cássia Machado. – São Paulo : Editora WMF Martins Fontes, 2011.

Título original: Die Revolte des Körpers.
ISBN 978-85-7827-395-8

1. Adultos vítimas de maus-tratos na infância – Saúde mental 2. Crianças abusadas – Saúde mental 3. Crianças – Maus-tratos – Aspectos psicológicos 4. Crueldade 5. Disciplina infantil – Aspectos psicológicos 6. Medicina psicossomática 7. Pais e filhos 8. Psicanálise 9. Responsabilidade dos pais – Aspectos psicológicos I. Título.

11-02348
CDD-616.85836
NLM-WS 105

Índices para catálogo sistemático:
1. Crianças : Maus-tratos : Tratamento psicanalítico : Ciências médicas   616.85836

Todos os direitos desta edição reservados à
Editora WMF Martins Fontes Ltda.
Rua Prof. Laerte Ramos de Carvalho, 133 01325-030 São Paulo SP Brasil
Tel. (11) 3293.8150 e-mail: info@wmfmartinsfontes.com.br
http://www.wmfmartinsfontes.com.br

Índice

Prefácio 9

Introdução: corpo e moral 13

I. *Dizer e esconder*

1. O respeito *receoso* pelos pais e suas consequências trágicas (Dostoiévski, Tchekhov, Kafka, Nietzsche)............................ 35
2. A luta pela liberdade nos dramas e o grito ignorado do próprio corpo (Friedrich von Schiller) . 40
3. A traição das próprias lembranças (Virginia Woolf) 45
4. O ódio por si mesmo e o amor não correspondido (Arthur Rimbaud).................. 48
5. A criança aprisionada e a necessidade da recusa da dor (Yukio Mishima) 53
6. Sufocado pelo amor materno (Marcel Proust) . 56
7. O grande mestre da clivagem dos sentimentos (James Joyce)......................... 64

Posfácio à primeira parte 67

II. *A moral tradicional nas terapias e o conhecimento do corpo*

Introdução à segunda parte. 71

1. A naturalidade dos maus-tratos infantis 79
2. No carrossel dos sentimentos 87
3. O corpo como guardião da verdade 105
4. Posso dizer isso? 110
5. Antes matar do que sentir a verdade 117
6. A droga – Enganando o corpo 121
7. Podemos perceber. 130

III. *Anorexia: a ânsia por comunicação verdadeira*

Introdução à terceira parte 149

O diário fictício de Anita Fink 155

Posfácio (síntese) 179

"Emoções não são um luxo,
mas um complexo instrumento
de auxílio na luta pela existência."

António R. Damásio

Prefácio

O tema principal de todos os meus livros é a recusa do sofrimento de nossa infância. Cada um dos livros gravita em torno de um determinado aspecto desse fenômeno e lança uma luz mais intensa sobre uma área do que sobre outras. Assim, por exemplo, em *No princípio era a educação* e em *Não perceberás: variações sobre o tema do paraíso*, ressaltei as causas e consequências dessa recusa. Mais tarde, mostrei suas consequências na vida do adulto e da sociedade (por exemplo, na arte e na filosofia, em *Der gemiedene Schlüssel* [A chave evitada]; na política e na psiquiatria em *Abbruch der Schweigemauer* [A derrubada do muro do silêncio]). Como os diferentes aspectos não podem ser separados uns dos outros, é claro que acabaram surgindo imbricações e repetições. Ora, o leitor atento reconhecerá facilmente que estas se encontram sempre em um outro contexto e são contempladas de um outro ponto de vista.

Todavia, o uso que faço de determinados conceitos não depende do contexto. Assim, por exemplo, emprego o termo "inconsciente" apenas para designar conteúdos recalcados, recusados ou clivados (lembranças, emoções, necessidades). Para mim, o inconsciente de cada pessoa não é senão sua história, que, embora esteja armazenada em seu corpo em sua totalidade, somente permanece acessível a nossa consciência em pequenas partes. Assim sendo, nunca utilizo a palavra "verdade" em um sentido metafísico, mas em um sentido subjetivo, sempre relacionada com a vida concreta do indivíduo. Sempre falo da verdade "dele" ou "dela", da história da pessoa em questão, que é sinalizada e atestada em suas emoções (*cf.*, por exemplo, pp. 31-2 e 144 ss.). Defino como emoção uma reação corporal nem sempre consciente, mas frequentemente vital, a processos externos ou internos, como, por exemplo, medo de trovões, ou cólera diante da constatação de se ter sido enganado, ou alegria ao receber um presente desejado. Em contrapartida, a palavra "sentimento" significa mais uma percepção *consciente* da emoção (*cf.*, por exemplo, pp. 31-2, 108 e 149 ss.). Portanto, a cegueira emocional é um luxo caro e, na maioria das vezes, (auto)destrutivo (*cf.* AM 2001).

Este livro trata da questão da consequência da recusa de nossas emoções intensas e verdadeiras para o nosso corpo. Essa recusa também nos é exigida pela moral e pela religião. Com base em minhas experiências com a psicologia, a minha própria e a de muitas pessoas, cheguei à conclusão de que as pessoas maltratadas na infância somente podem tentar obedecer ao quarto mandamento com ajuda de uma clivagem e de um recalque intensos de suas verdadeiras emoções. Elas não conseguem honrar e amar seus pais, uma vez que ainda os temem inconscientemente. Mesmo desejando, não conseguem desenvolver uma relação de descontração e confiança.

O que geralmente se pode constatar é, mais, um vínculo doentio, feito de medo e sentimento de dever, que praticamente não pode ser designado como amor verdadeiro, mas como uma aparência, uma fachada. Adicione-se a isso o fato de, muitas vezes, as pessoas maltratadas na infância esperarem, a vida toda, receber finalmente o amor que nunca experimentaram. Essas expectativas fortalecem seu vínculo com os pais, que, na religião, é chamado de amor e louvado como virtude. Infelizmente, isso também acontece na maior parte das terapias, uma vez que elas são dominadas pela moral tradicional. Mas quem paga o preço dessa moral é o corpo.

Quando uma pessoa acredita que sente o que deve sentir e tenta, constantemente, não sentir o que se proíbe de sentir, ela fica doente, a não ser que faça seus filhos pagarem a conta, usando-os como superfície de projeção para emoções inconfessas.

Aqui, penso deparar com uma lei psicobiológica que, durante muitíssimo tempo, ficou encoberta por exigências religiosas e morais.

A primeira parte deste livro demonstra essa lei por meio da vida de várias personalidades célebres. As duas partes seguintes apontam para vias da verdadeira comunicação, que levam para fora do círculo vicioso do autoengano e permitem uma libertação dos sintomas.

Introdução: corpo e moral

Não é raro que o corpo reaja com doenças ao constante descaso quanto a suas funções vitais. Dentre essas funções está a fidelidade para com nossa verdadeira história. Assim, neste livro, trata-se principalmente do conflito entre aquilo que sentimos e sabemos, porque nosso corpo registrou, e aquilo que *gostaríamos* de sentir para satisfazer às normas morais que, muito cedo, interiorizamos. Fica evidente que, dentre outras, uma norma bastante definida e geralmente reconhecida, qual seja, o quarto mandamento, impede-nos de admitir nossos verdadeiros sentimentos, e que pagamos esse compromisso com enfermidades físicas. Este livro traz muitos exemplos dessa tese, sem contar histórias de vida inteiras, mas concentrando-se na questão da relação com os pais que, um dia, maltrataram.

Minha experiência ensinou-me que o meu próprio corpo é a fonte de todas as informações vitais que me abriram uma porta para uma maior autonomia e autoconsciência. Foi somente quando consegui admitir e sentir as emoções nele encerradas durante muito tempo que me tornei cada vez mais livre do meu passado. Sentimentos genuínos não se deixam constranger. Eles existem e têm sempre uma razão, ainda que esta, muitas vezes, fique-nos dissimulada. Não posso me obrigar a amar ou mesmo a honrar meus pais quando meu corpo nega-me isso por razões que lhe são bem conhecidas.

Mas, se, mesmo assim, eu quiser obedecer ao quarto mandamento, fico estressada, como sempre acontece quando exijo de mim algo impossível. Sofri com esse estresse praticamente durante toda a minha vida. Tentava imaginar bons sentimentos e ignorar os maus, para ficar em harmonia com a moral e com o sistema de valores que eu aceitava. Na realidade, para ser amada como filha. Mas o plano não dava certo; por fim, tive que entender que não posso forçar o amor quando ele não existe. Por outro lado, consegui descobrir que o sentimento do amor aparece espontaneamente, por exemplo em relação a meus filhos ou amigos, quando não me obrigo a isso nem tento satisfazer às exigências morais. Ele somente aparece quando me sinto livre e permaneço aberta a todos os meus sentimentos, inclusive aos negativos.

Descobrir que não posso manipular meus sentimentos, que não posso e não quero iludir nem a mim nem a ninguém me trouxe um grande alívio e libertação. Só então me dei conta de quantas pessoas arruínam-se ao tentar se dobrar ao quarto mandamento – como eu fazia antes – sem perceber o preço que obrigam seu corpo ou seus filhos a pagar por isso. Enquanto as crianças deixarem-se utilizar para esse fim, poderemos viver até cem anos sem tomar conhecimento de nossa própria verdade e adoecer por causa desse autoengano.

Mesmo uma mãe que deva admitir a si mesma que, em razão de sua deficiência de experiências na infância, não consegue amar seu próprio filho, embora se esforce muito para isso, terá que contar com a reprovação da moral, caso articule essa verdade. Mas penso que o reconhecimento de seus verdadeiros sentimentos, independentemente das exigências da moral, é justamente o que lhe permitiria dar apoio a si mesma e ao seu filho de modo sincero, quebrando a cadeia do autoengano.

Quando uma criança vem ao mundo, ela precisa do amor dos pais, ou seja, de dedicação, consideração, proteção, amizade, cuidado e disposição para a comunicação. Dotado com esses dons para a vida, o corpo guardará as boas lembranças, e o adulto conseguirá, mais tarde, dar o mesmo amor aos próprios filhos. Mas, quando tudo isso faltou, fica naquele que um dia foi criança um desejo de satisfação de suas necessidades vitais primeiras que dura a vida toda. Na vida ulterior, esse desejo é transferido para outras pessoas. Por outro lado, quanto menos amor a criança tiver recebido, quanto mais tiver sido negada e maltratada sob o pretexto de ser educada, mais o adulto vai se afeiçoar a seus pais ou aos substitutos destes, dos quais espera tudo o que os pais deixaram de lhe oferecer no momento crucial. Essa é a reação normal do corpo. Ele sabe o que lhe falta, não consegue esquecer as privações. O buraco existe e espera ser tapado.

Contudo, quanto mais se envelhece, mais difícil se torna receber de outras pessoas o amor paterno que um dia faltou. Mas as expectativas não são abandonadas com o envelhecer, muito pelo contrário. Elas são apenas transferidas para outras pessoas, principalmente para os próprios filhos e netos. A não ser que tomemos consciência desses mecanismos e tentemos reconhecer a realidade de nossa infância da forma mais exata possível, eliminando o recalque e a recusa. Então, criamos em nosso Eu a pessoa que pode satisfazer em nós as necessidades que esperam satisfação desde nosso nascimento ou mesmo antes. Podemos, agora, oferecer a nós mesmos a consideração, o respeito, a compreensão de nossas emoções, a proteção necessária e o amor incondicional que nossos pais nos negaram.

Para que isso possa acontecer, precisamos da experiência do amor pela criança que fomos, caso contrário não saberemos no que ele consiste. Se quisermos aprender isso nas terapias, precisamos de pessoas que possam nos aceitar como somos, que possam nos oferecer proteção, respeito, simpatia e acompanhamento que nos ajudem a compreender como nos tornamos o que somos. Essa experiência fundamental é indispensável para que possamos assumir em nós o papel dos pais em relação à criança um dia maltratada. Um educador, que tenha planos para nós, não pode nos transmitir essa experiência, tampouco um psicanalista que tenha aprendido que se deve permanecer neutro diante dos traumas da infância e interpretar os relatos dos analisados como fantasias. Não, precisamos justamente do contrário, ou seja, de um acompanhante *parcial*, que possa partilhar conosco o pavor e a indignação, quando nossas emoções revelam gradualmente, a ele e a nós, o quanto sofreu a criancinha e o que ela teve que suportar, completamente só, quando sua alma e seu corpo lutavam pela vida, a vida que, durante anos, esteve em constante perigo. Precisamos de um acompanhante assim, que chamo de "Testemunha Esclarecida", para, a partir daí, ajudarmos a criança que existe em nós, ou seja, entender sua linguagem corporal e cuidar de suas necessidades, em vez de, como fizemos até então, ignorá-las, do mesmo modo como os pais um dia fizeram.

O que descrevo aqui é absolutamente realista. Pode-se encontrar a própria verdade em um bom acompanhamento parcial e *não neutro*. Nesse processo, os sintomas podem desaparecer, é possível libertar-se da depressão e ganhar alegria de viver; pode-se sair do estado de esgotamento e ter mais energia, a partir do momento em que esta já não é requerida para o recalque da própria verdade. O cansaço característico da depressão manifesta-se cada vez que reprimimos nossas emoções intensas, que subestimamos as lembranças do corpo e não queremos respeitá-las.

Por que esses processos positivos são quase sempre raros? Por que a maioria das pessoas, inclusive os especialistas, prefere confiar no poder dos medicamentos a confiar nas orientações do corpo? Ele sabe exatamente o que nos falta, do que precisamos, o que digerimos mal, a que reagimos com uma alergia. Mas muitas pessoas preferem buscar ajuda nos medicamentos, nas drogas ou no álcool, dificultando assim ainda mais seu caminho para a verdade. Por quê? Porque o conhecimento da verdade é doloroso? Isso não se pode negar. Mas essas dores são passageiras e suportáveis quando se tem um bom acompanhamento. O problema que vejo aqui é a ausência desse acompanhamento, uma vez que quase todos os representantes das profissões de auxílio parecem estar marcadamente impedidos por nossa moral de auxiliar as crianças um dia maltratadas e de identificar as consequências das lesões que elas cedo sofreram. Esses profissionais se encontram sob a ascendência do quarto mandamento, que nos impõe que honremos nossos pais "para que nos suceda bem e possamos viver longos dias".

Que esse mandamento impede a cura das primeiras feridas é algo evidente. Que esse fato não tenha se refletido no meio público até agora não é surpreendente. O alcance e a força desse mandamento são imensuráveis, já que ele é alimentado pelo vínculo natural da criancinha com seus pais. Nem mesmo os filósofos e escritores ousaram alguma vez atacar esse mandamento. Apesar de sua crítica severa à moral cristã, a família de Nietzsche foi poupada de suas críticas, pois em cada adulto um dia maltratado pelos pais dormita o medo da criança em relação ao castigo que eles possam lhe impor quando ela quer se rebelar contra o comportamento deles. Todavia, esse medo só dormita enquanto lhe permanece inconsciente. Se vivido conscientemente, ele se esvaece com o tempo.

A moral do quarto mandamento, junto com as expectativas daquele que um dia foi criança, faz com que a grande maioria dos conselheiros ofereça novamente àqueles que procuram ajuda as regras da educação com as quais eles já cresceram. Muitos conselheiros estão suspensos pelos numerosos fios de suas antigas expectativas em relação aos próprios pais, chamam isso de amor e tentam oferecer esse tipo de amor como solução para outras pessoas. Pregam o perdão como uma via para a cura e parecem não saber que essa via é uma armadilha na qual eles mesmos se encontram. É que o perdão nunca resultou em uma cura (*cf.* AM 1990/2003).

É revelador que tenhamos vivido há milhares de anos com um mandamento que, até agora, praticamente ninguém questionou, porque ele sustenta o fato psicológico do vínculo da criança maltratada com seus pais. Então, comportamo-nos como se continuássemos todos sendo crianças que não podem questionar os mandamentos de seus pais. Contudo, como adultos conscientes, podemos ter o direito de formular nossas perguntas, mesmo sabendo o quanto elas teriam chocado nossos pais um dia.

Moisés, que impôs seus dez mandamentos ao povo em nome de Deus, foi, ele mesmo (por necessidade, mas foi), uma criança rejeitada. Como a maioria das crianças rejeitadas, ele esperava, um dia, ainda conseguir o amor de seus pais com contribuições tais como compreensão e deferência. Ele fora abandonado pelos pais, que o queriam proteger da perseguição, mas o recém-nascido, em sua cesta de vime, quase não conseguia entender isso. O Moisés adulto talvez dissesse: meus pais estão me abandonando para me proteger. Eu não os posso querer mal por isso, tenho que lhes agradecer, eles salvaram minha vida. Mas a criança pode ter sentido: por que meus pais me rejeitaram, por que me estão expondo ao risco do afogamento? Meus pais não me amam? O desespero e o medo da morte, os sentimentos autênticos da criancinha armazenados em seu corpo, continuaram vivos em Moisés e o conduziram no momento em que oferecia o decálogo ao seu povo. Considerando-o de modo superficial, o quarto mandamento pode ser visto como um seguro de vida das pessoas mais velhas, que, naquela época – hoje, não mais –, devia ser feito dessa forma. Contudo, olhando-o de mais perto, ele contém uma ameaça ou uma chantagem que até hoje é eficaz. Ela diz: se quiser viver por muito tempo, deve honrar seus pais, mesmo que eles não o mereçam, caso contrário, terá que morrer precocemente.

A maioria das pessoas observa esse mandamento, embora ele seja desconcertante e amedrontador. Penso que seja tempo de levar a sério as feridas da infância e suas consequências e livrar-nos desse mandamento. Isso não significa que tenhamos que nos vingar de nossos velhos pais com brutalidade por seus atos cruéis, mas sim que devemos enxergá-los da forma como foram, da forma como lidaram conosco quando éramos criancinhas, para libertarmos nossos filhos e a nós mesmos desse modelo.

Precisamos nos separar dos pais *interiorizados*, que perpetuam em nós sua obra de destruição; só assim podemos afirmar nossa vida e aprender a nos respeitar. Não podemos aprender isso com Moisés porque, com o quarto mandamento, ele se tornou infiel às mensagens de seu corpo. E ele não poderia ter agido de outra forma, pois tudo isso lhe era desconhecido. Mas é justamente por essa razão que esse mandamento não deveria ter nenhum poder de dominação sobre nós.

Em todos os meus livros, tentei mostrar, de diversas formas e em muitos contextos, como a experiência da Pedagogia Negra feita na infância limita, mais tarde, nossa vivacidade e prejudica ou até mortifica o sentimento de quem somos realmente, do que sentimos e do que precisamos. A Pedagogia Negra cria pessoas adaptadas, que somente podem confiar em sua máscara porque, quando crianças, viviam sob o constante medo do castigo. "Eu o estou criando para ser o melhor possível", seria o princípio maior, "e, mesmo quando lhe bato ou o martirizo com palavras, é para o seu bem."

O autor húngaro e ganhador do prêmio Nobel, Imre Kertész, em seu célebre livro *Sem destino*, conta sua chegada ao campo de concentração de Auschwitz. Na época, ele ainda era um menino de 15 anos e descreve de modo exato como tentou interpretar tudo o que era obtuso e cruel como algo positivo e benéfico para ele, já que, se não fosse assim, seria arruinado pelo medo da morte.

Supõe-se que toda criança maltratada assuma essa postura para sobreviver. Ela reinterpreta suas percepções e procura enxergar boas ações mesmo nos casos em que uma pessoa de fora identificaria um crime evidente. Uma criança não tem escolha, ela tem que recalcar se não tiver uma testemunha que a possa ajudar e se estiver totalmente entregue aos perseguidores. Somente mais tarde, quando adultas, quando essas pessoas terão a sorte de encontrar uma Testemunha Esclarecida, é que terão uma escolha. Elas podem admitir sua verdade, parar de se apiedar do criminoso, de compreendê-lo e querer sentir por eles seus sentimentos clivados não vividos; podem interpretar seus atos de maneira inequívoca. Essa etapa compreende um grande alívio para o corpo. A partir daí, ele não precisa lembrar a parte adulta com ameaças da história trágica da criança; ele se sente compreendido, respeitado e protegido, desde que o adulto queira conhecer toda a sua verdade.

Caracterizo a forma violenta de "educação" como mau trato porque se nega à criança não apenas seus direitos à dignidade e ao respeito por sua pessoa, como também se constrói um tipo de sistema totalitário, no qual é absolutamente impossível para ela perceber as humilhações, as degradações e as desconsiderações experimentadas, e, menos ainda, defender-se delas. Esses modelos de educação continuam, então, a ser praticados pelos adultos, com os companheiros e com os próprios filhos, no local de trabalho e na política, sempre que o medo da criança um dia atormentada é afugentado com ajuda da posição de poder externa. É assim que surgem ditadores e infratores dos direitos humanos, os quais, quando crianças, nunca foram respeitados e, mais tarde, tentam obter o respeito com ajuda de um poder gigantesco.

É precisamente na política que se pode observar que a fome de poder e de reconhecimento nunca acaba, nunca pode ser satisfeita. Quanto mais poder essas pessoas têm, mais são impelidas a ações que, afinal, na compulsão à repetição, restabelecem a antiga impotência de que queriam fugir: foi assim com Hitler no *bunker*, com Stálin e seu medo paranoico, com Mao, quando, mais tarde, foi rejeitado por seu povo, com Napoleão no exílio, com Milosevic na prisão e com o fútil e fanfarrão Saddam Hussein em seu poço. O que levou esses homens a abusar do poder que alcançaram, de modo que ele se revertesse em impotência? Penso ter sido seu corpo, que muito bem conhecia a impotência da infância, porque a armazenou em suas células e quis levá-los até esse conhecimento. Mas a realidade de sua infância causava tanto medo nesses ditadores, que eles preferiam dizimar povos inteiros, mandar matar milhares de pessoas a sentir sua verdade.

Neste livro, não darei sequência à análise das motivações dos ditadores, embora considere o estudo de sua biografia extremamente esclarecedor. Aqui, vou me concentrar em pessoas que, embora também tenham sido educadas pela Pedagogia Negra, não sentem a necessidade de obter um poder infinito. Diferentemente desses déspotas, elas não dirigiram os sentimentos de cólera e indignação reprimidos pela Pedagogia Negra contra os outros, mas se comportaram de forma destrutiva em relação a si mesmas. Ficaram doentes, sofreram com diversos sintomas ou morreram muito cedo. As mais talentosas delas tornaram-se escritores ou artistas plásticos. De fato, conseguiram mostrar a verdade na literatura e na arte, mas sempre dissociada de sua própria vida, e pagaram por essa separação com doenças. Na primeira parte, apresento alguns exemplos dessas biografias trágicas.

Uma equipe de pesquisa de San Diego perguntou a 17.000 pessoas com idade em torno de 75 anos como tinha sido sua infância e que doenças haviam apresentado durante a vida. Constatou-se que o número de doenças graves entre aqueles que, quando crianças, haviam sofrido maus-tratos era muito maior do que nas pessoas que haviam crescido sem maus-tratos, inclusive sem tapas educativos. Estas não se queixaram de doenças mais tarde. O título do breve artigo era: *Como se transforma ouro em chumbo*, e o autor, que ficou célebre com esse trabalho, diz que os resultados são claros, muito significativos, mas estão camuflados, escondidos.

Por que escondidos? Porque eles não podem ser publicados sem que se culpem os pais, e isso, em nossa sociedade, e hoje, na realidade cada vez mais, ainda é proibido. Pois os especialistas defendem cada vez mais intensamente a concepção de que os sofrimentos psíquicos dos adultos devem-se à hereditariedade genética e não a lesões concretas e à rejeição parental durante a infância. Mesmo as esclarecedoras pesquisas feitas nos anos 70 sobre a infância dos esquizofrênicos não são conhecidas do grande público, para além da publicação em jornais especializados. A crença na genética, sustentada pelo fundamentalismo, continua triunfando.

É desse aspecto que trata o psicólogo clínico Oliver James, muito respeitado na Grã-Bretanha, em seu livro *They F*** You Up* [Eles te f***] (2003). Embora esse estudo deixe uma impressão contraditória pelo fato de o autor recuar diante das consequências de suas conclusões e até mesmo desaconselhar os pais a se atribuir uma responsabilidade pelo sofrimento de seus filhos, ele demonstra de modo conclusivo, por meio de vários resultados e estudos, que os fatores genéticos desempenham um papel ínfimo no desenvolvimento de doenças psíquicas.

Assim, em muitas das terapias atuais, o tema da infância também é cuidadosamente evitado (*cf.* AM 2001). Primeiro, os pacientes são, de fato, encorajados a admitir suas emoções intensas. Mas, com o despertar dessas emoções, costumam emergir as lembranças recalcadas da infância, lembranças de maus-tratos, da exploração, das humilhações e lesões sofridas nos primeiros anos de vida, as quais, muitas vezes, exigem demais do terapeuta. Ele não consegue lidar com tudo isso se ele mesmo não trilhou esse caminho, e é raro encontrar terapeutas que o fizeram. Assim, a maioria oferece a seus clientes a Pedagogia Negra, ou seja, a moral, que um dia os fez ficar doentes.

O corpo não entende, de modo algum, essa moral, não sabe o que fazer com o quarto mandamento, tampouco se deixa enganar por palavras, como acontece com nosso entendimento. O corpo é o guardião de nossa verdade, porque carrega em si a experiência de toda a nossa vida e cuida para que consigamos viver com a verdade de nosso organismo. Ele nos obriga, com ajuda dos sintomas, a admitir essa verdade, inclusive de forma cognitiva, de modo que possamos nos comunicar harmonicamente com a criança um dia maltratada e humilhada que vive em nós.

Já nos primeiros meses de vida, passei, pessoalmente, pela experiência do castigo visando à obediência. Claro que, durante muitos anos, não fazia ideia disso. Segundo os relatos de minha mãe, eu era uma criança tão bem-comportada, que ela não tinha problemas comigo. De acordo com suas próprias informações, ela devia isso à sólida educação que me havia dado quando eu era um bebê indefeso. Por isso, durante tanto tempo não tive nenhuma lembrança de minha infância. Foi somente em minhas últimas terapias que minhas emoções intensas deram-me informações a esse respeito. Embora elas tenham se expressado em associação com outras pessoas, fui conseguindo cada vez mais encontrar seu local de origem, integrá-las como sentimentos compreensíveis, reconstruindo assim a história de minha primeira infância. Dessa forma, perdi os antigos medos, até então incompreensíveis, e, graças a um acompanhamento terapêutico sensível, pude deixar cicatrizar as velhas feridas.

Esses medos diziam respeito, primeiramente, a minha necessidade de comunicação, que não só nunca fora respondida por minha mãe, como fora castigada como mau hábito dentro de seu rigoroso sistema de educação. A busca por contato e troca mostrou-se, primeiro, no choro, em seguida, no fazer perguntas e na exposição dos próprios sentimentos e pensamentos. Mas, quando eu chorava, ganhava tapas; quando perguntava, recebia respostas crivadas de mentiras, e fui proibida de expressar meus sentimentos e pensamentos. Existia o risco constante de que minha mãe se retirasse por dias e dias em seu silêncio. Como ela nunca quis minha existência real, eu tinha, literalmente, que esconder dela meus sentimentos autênticos.

Minha mãe era capaz de crises violentas, mas faltava-lhe a capacidade plena de refletir e questionar suas emoções. Como, desde sua infância, vivia frustrada e descontente, sempre me culpava por alguma coisa. Quando eu me defendia dessa injustiça e, em casos extremos, tentava lhe provar minha inocência, ela entendia isso como agressão e, muitas vezes, punia-me de forma draconiana. Ela confundia emoções com fatos. Quando se *sentia* agredida por minhas palavras, tinha como certo que eu a havia agredido. Para perceber que seus sentimentos tinham outras origens que não meu comportamento, ela precisaria da capacidade de refletir. Mas nunca me aconteceu de vê-la arrependida; ela sempre acreditava que "tinha razão". Isso fez da minha infância um regime totalitário.

Neste livro, tento esclarecer minha tese sobre o poder destrutivo do quarto mandamento em três partes distintas: *na primeira parte*, apresento ilustrações da vida de diversos escritores que, de forma inconsciente, representaram a verdade de sua infância em suas obras. Não podiam admitir essa verdade em sua consciência, por causa do medo da criancinha que perdurava neles em estado clivado e, no adulto, não conseguia acreditar que não se morre por dizer a verdade. Como esse medo é sustentado pelo mandamento de poupar os pais, não apenas em nossa sociedade, mas no mundo inteiro, ele continuou fragmentado e inacessível a um tratamento. O preço dessa pretensa solução, o preço da evasão na idealização do pai e da mãe, da recusa do risco real na primeira infância, que deixou no corpo medos fundados, foi muito alto, como veremos nos exemplos apresentados. Infelizmente, inúmeros outros poderiam lhes ser acrescentados. Neles, fica claro que essas pessoas pagaram por seu vínculo com os pais com doenças graves, com a morte prematura ou com o suicídio. A dissimulação da verdade sobre os sofrimentos de sua infância contrapunha-se de modo flagrante ao conhecimento de seu corpo, que, embora tenha sido expresso na escrita, permaneceu inconsciente. Por isso, o corpo, a criança um dia desprezada, continuava não se sentindo compreendida e respeitada. Pois não se pode dominar o corpo com os mandamentos da ética. Suas funções, como a respiração, a circulação, a digestão, somente reagem a *emoções vividas*, não a regras morais. O corpo atém-se aos fatos.

Desde que comecei a estudar a influência da infância sobre a vida futura, passei a ler muitos diários e cartas de escritores pelos quais tenho especial interesse. Sempre encontrava em suas palavras as chaves para compreender sua obra, sua busca e seu sofrimento, que teve início na infância, mas cuja tragicidade era inacessível para sua consciência e para sua vida emocional. Em contrapartida, eu conseguia sentir essa tragicidade em sua obra, por exemplo em Dostoiévski, Nietzsche e Rimbaud, e pensava que o mesmo aconteceria com outros leitores. Voltei-me para as biografias e constatei que, nelas, muito se contava sobre diversos detalhes da vida dos escritores em questão e sobre fatos externos, mas era praticamente impossível encontrar uma menção acerca da forma como o indivíduo havia superado os sonhos de sua infância, como eles agiram sobre ele e o marcaram. Mesmo nas conversas com estudiosos da literatura, encontrei pouco ou nenhum interesse sobre esse tema. A maioria reagia com embaraço às minhas perguntas, como se eu os quisesse confrontar com algo impróprio, quase obsceno, e me evitava.

Mas não todos. Alguns demonstraram interesse no ponto de vista por mim proposto e forneceram-me material biográfico precioso, que, embora lhes fosse conhecido há muito tempo, até então lhes parecera irrelevante. E foram justamente essas relações, menosprezadas ou mesmo ignoradas pelos biógrafos, que expus em primeiro plano, na primeira parte deste livro. Isso levou necessaria mente a uma limitação a um único ponto de vista e à renúncia em expor outros aspectos igualmente importantes de uma vida. Por isso, pode surgir uma impressão de unilateralidade ou de reducionismo, mas aceito essa crítica, pois, entre tantos detalhes, não quis desviar a atenção do leitor do fio condutor deste livro, do foco do corpo e da moral.

Todos os escritores aqui mencionados – com exceção, talvez, de Kafka – não sabiam, de fato, que haviam sofrido muito na infância por causa de seus pais e, na idade adulta, "não os condenavam em nada", ao menos não conscientemente. Idealizaram totalmente seus pais. Assim, seria totalmente irreal supor que poderiam ter confrontado seus pais com sua realidade, que para eles, crianças crescidas, era desconhecida, visto que fora recalcada pela consciência.

Essa ignorância é que constitui a tragicidade de suas vidas, quase sempre curtas. *A moral impede o conhecimento da realidade*, da verdade do corpo na vida dessas pessoas superdotadas. Elas não conseguiam ver que sacrificavam sua vida aos pais, não obstante, como Schiller, lutassem pela liberdade ou, como Rimbaud e Mishima, em uma consideração superficial, tenham quebrado todos os tabus morais, ou, como Joyce, tenham subvertido os cânones literários e estéticos de seu tempo, ou, como Proust, tenham decifrado a burguesia, mas não o sofrimento com a própria mãe, dependente da burguesia. Concentrei-me justamente nesses aspectos, uma vez que, até onde sei, nada ainda foi publicado sobre eles a partir da perspectiva do corpo e da moral.

Neste livro, recorro a algumas ideias de meus livros precedentes para, sobre elas, lançar uma luz a partir da perspectiva aqui descrita e abordar questões para as quais até agora não se encontrou uma resposta. Com efeito, a experiência terapêutica tem mostrado, desde Wilhelm Reich, que emoções intensas podem ser evocadas. Mas é somente nos dias atuais que esse fenômeno consegue ser esclarecido em profundidade, graças ao trabalho de neurocientistas como Joseph LeDoux, António R. Damásio, Bruce D. Perry e muitos outros. Portanto, hoje sabemos, por um lado, que nosso corpo possui uma memória completa daquilo que um dia experimentamos e, por outro, que, graças ao trabalho terapêutico sobre nossas emoções, não estamos condenados por muito tempo a extravasá-las cegamente em nossos filhos ou em nosso próprio prejuízo. Por isso, *na segunda parte*, trato de pessoas dos dias atuais, que estão absolutamente dispostas a confrontar-se com a verdade de sua infância e a enxergar seus pais sob uma luz real. Infelizmente, muitas vezes fica demonstrado que o possível êxito em uma terapia pode, contudo, ser impedido quando esta é conduzida sob o ditado da moral – o que frequentemente ocorre –, e, por isso, o cliente não consegue se libertar da pressão de dever aos pais amor ou gratidão, mesmo como adulto. Assim, os sentimentos autênticos armazenados no corpo continuam bloqueados, e o cliente deve pagar por isso, uma vez que os sintomas graves também continuam a existir. Parto do princípio de que as pessoas que fizeram várias tentativas terapêuticas vão se encontrar facilmente nessa problemática.

Baseando-me na relação entre corpo e moral, deparei com dois outros aspectos que, com exceção do problema do perdão, eram novos para mim. Por um lado, perguntei-me o que era realmente o sentimento que nós, na idade adulta, continuamos chamando de amor aos pais. Por outro lado, preocupava-me a compreensão de que o corpo procura durante toda a vida o alimento de que tanto necessitou na infância, mas nunca recebeu. Em minha opinião, está exatamente aqui a fonte do sofrimento de muitas pessoas.

A terceira parte mostra, por meio de um tipo particular de "doença expressiva", como o corpo se defende do alimento inapropriado. Ele precisa incondicionalmente da verdade. Enquanto esta não é reconhecida e os verdadeiros sentimentos de uma pessoa em relação a seus pais continuam a ser ignorados, ele não consegue se curar dos sintomas. Quis demonstrar, em uma linguagem simples, a tragédia dos pacientes com transtornos alimentares, que cresceram sem troca emocional e, mais tarde, continuam sentindo falta dela em seus tratamentos. Ficaria feliz se essa descrição ajudasse alguns pacientes com transtornos alimentares a se compreender melhor. Além disso, no fictício "Diário de Anita Fink" é claramente denominada a fonte da desesperança, tão característica não apenas da vida de anoréxicos: o fracasso da verdadeira comunicação com os pais de antigamente, que foi constantemente intentada, porém em vão, ao longo de toda a infância. Mas essa busca pode ser superada pelo adulto desde que, no presente, tornem-se possíveis conversas autênticas com outras pessoas.

A tradição do sacrifício de crianças está profundamente ancorada na maioria das culturas e religiões e, por essa razão, também é afirmada e tolerada com grande naturalidade em nossa cultura ocidental. Embora já não sacrifiquemos nossos filhos no altar de Deus, como fizeram Abraão e Isaac, nós os encarregamos, desde que nascem e, mais tarde, ao longo de toda a educação, de nos amar, honrar, respeitar, de contribuir conosco, de satisfazer nossa ambição, resumindo, de nos dar tudo o que nossos pais nos recusaram. Chamamos isso de decência e moral. Raramente a criança tem escolha. Diante dessas circunstâncias, ela vai se obrigar, a vida toda, a oferecer aos pais algo de que ela não dispõe e que não conhece, porque nunca experienciou neles: amor real, incondicional, que não apenas satisfaça necessidades. Apesar disso, ela vai se esforçar em fazê-lo porque, mesmo como adulto, pensa ainda necessitar dos pais e continua esperando deles algo de bom, apesar de todas as decepções.

Esse esforço pode se tornar uma catástrofe para o adulto, se ele não se livrar dele, que deixa como legado a aparência, a obrigação, a fachada e o autoengano.

O grande desejo de muitos pais de ser amados e honrados por seus filhos encontra sua pretensa legitimação no quarto mandamento. Em um programa de TV, a que assisti por acaso, todos os representantes de diferentes religiões convidados diziam ser preciso honrar os pais, independentemente do que eles tenham feito. Assim, cultiva-se a posição do filho dependente, e as pessoas que creem não sabem que, como adultos, podem muito bem abandonar essa posição. À luz do atual conhecimento, o quarto mandamento apresenta em si uma contradição. A moral pode até nos prescrever o que devemos e o que não estamos autorizados a fazer, mas, obviamente, não o que devemos sentir. Pois não conseguimos gerar sentimentos genuínos nem matá-los, mas apenas cliválos, mentir para nós mesmos e enganar nosso corpo. Contudo, como se disse, nosso cérebro armazenou nossas emoções. Estas são evocáveis, vivenciáveis e, felizmente, podem ser transformadas, sem nenhum perigo, em sentimentos conscientes, cujo sentido e origens podemos identificar, se encontrarmos uma Testemunha Esclarecida.

A estranha ideia de ser preciso amar a Deus para que ele não me puna por minha rebeldia e decepção e recompense-me com seu amor, que tudo perdoa, também é a expressão de nossa dependência e de nossa necessidade infantis, bem como da suposição de que Deus teria fome de nosso amor, assim como nossos pais. Mas, no fundo, essa imagem não é totalmente grotesca? Um ser superior, que depende de sentimentos artificiais, uma vez que são ditados pela moral, lembra muito bem a necessidade de nossos pais, outrora frustrados e dependentes. Somente as pessoas que nunca questionaram seus próprios pais e sua própria dependência podem chamar esse ser de Deus.

I. Dizer e esconder

"Pois prefiro ter crises
e agradar-lhe
a desagradar-lhe e não as ter."

Marcel Proust, Cartas à mãe

I.1 O respeito *receoso* pelos pais e suas consequências trágicas (Dostoiévski, Tchekhov, Kafka, Nietzsche)

Com base em meus estudos sobre dois escritores russos, cujas obras muito significaram para mim em minha juventude, Tchekhov e Dostoiévski, percebi claramente como o mecanismo da clivagem ainda funcionava sem deixar nenhuma lacuna um século atrás. Quando finalmente consegui renunciar às ilusões sobre meus pais e ver claramente as consequências de seus maus-tratos em minha vida, meus olhos abriram-se para fatos aos quais eu não dera antes a menor importância. Assim, por exemplo, li em uma biografia de Dostoiévski que seu pai (que, em um primeiro momento, fora médico) havia herdado mais tarde uma propriedade com cem servos. Ele, entretanto, tratava tão brutalmente essas pessoas, que um dia elas o mataram. A brutalidade desse proprietário de terras deve ter superado a medida normal, pois, de outro modo, como seria possível explicar que os servos – temerosos, de costume – tenham preferido se expor à pena do banimento a suportar por mais tempo esse regime de terror? Também era de supor que o filho mais velho desse homem estivesse igualmente sujeito à brutalidade do pai, e eu queria entender como o autor de romances mundialmente conhecidos havia assimilado essa sua história. Naturalmente, eu conhecia sua representação do pai desapiedado no romance *Os irmãos Karamazov*, mas queria saber como era sua real relação com seu pai. Assim, procurei por partes correspondentes em suas cartas. Li muitas delas, mas não encontrei nenhuma mensagem para seu pai. Encontrei apenas uma única menção a essa pessoa que devia testemunhar o pleno respeito e o amor do filho por ela. Em contrapartida, quase todas as cartas de Dostoiévski continham queixas sobre sua situação financeira e pedidos de ajuda em forma de empréstimo. Para mim, essas cartas expressam claramente o medo de uma criança diante da constante ameaça à existência, bem como a esperança desesperada quanto à compreensão de sua necessidade e à benevolência do destinatário.

Bem se sabia que o estado de saúde de Dostoiévski era muito precário. Ele sofria de insônia crônica e queixava-se de pesadelos, nos quais é de supor que se anunciavam seus sonhos de criança, sem que isso tenha se tornado consciente para ele. Além disso, sofreu durante anos de crises epilépticas. No entanto, seus biógrafos não estabeleceram quase nenhuma relação entre esses ataques e a infância traumática. Do mesmo modo, não descobriram que, por trás de seu vício pelo jogo de roleta, estava a busca por um destino misericordioso. Sua mulher até o ajudou a libertar-se do vício, mas nem mesmo ela pôde lhe servir como Testemunha Esclarecida, pois, naquela época, ainda mais que hoje, era absolutamente proibido acusar o próprio pai.

Encontrei uma situação parecida em Anton Tchekhov, que, em seu conto *O pai*, supõe-se ter descrito de modo exatíssimo a pessoa de seu próprio pai, que fora servo e alcoólatra. O conto trata de um homem que bebe, vive à custa de seus filhos, gaba-se de seus sucessos para esconder seu vazio interior, mas nunca tentou ver quem eram realmente seus filhos; um homem que nunca demonstrou nenhum sentimento de carinho ou de dignidade própria. Esse conto é considerado uma obra de arte e foi totalmente clivado da vida consciente de Tchekhov. Se o autor pudesse ter sentido como seu pai realmente lidou com ele, provavelmente teria se envergonhado ou se indignado, mas isso era impensável no seu tempo. Em vez de se voltar contra o pai, Tchekhov sustentou toda sua família, mesmo nos tempos em que ele ainda ganhava muito pouco. Assumiu a responsabilidade pela casa de seus pais em Moscou e cuidava com afeto deles e de seus irmãos. Contudo, em sua correspondência, descobri apenas poucas referências ao pai. Quando este é mencionado alguma vez, as cartas testemunham a postura absolutamente benevolente e compreensiva do filho. Em nenhuma parte encontram-se traços da exasperação diante dos golpes cruéis que outrora recebia do pai quase que diariamente. Aos trinta e poucos anos, Tchekhov foi passar alguns meses na ilha de Sacalina, que era uma colônia penal, para descrever a vida dos condenados, torturados e espancados, como se expressou ele. O conhecimento de que era um deles talvez estivesse clivado também para ele. Os biógrafos atribuem sua morte prematura, aos 44 anos, às cruéis condições que predominavam na ilha. Ao mesmo tempo, Tchekhov sofrera de tuberculose sua vida inteira, assim como seu irmão Nicolai, que morreu ainda mais cedo dessa mesma doença.

Em *Não perceberás*, mostrei, com o exemplo da vida de Franz Kafka e de outros autores, que a escrita os ajudava a sobreviver, mas não era suficiente para libertar plenamente a criança neles encerrada, para devolver-lhes a vivacidade, a sensibilidade e a segurança um dia perdidas, uma vez que a Testemunha Esclarecida é indispensável para essa libertação.

Com efeito, Franz Kafka teve em Milena e, sobretudo, em Ottla, sua irmã, testemunhas de seu sofrimento. Ele podia se abrir com elas, mas não a respeito de seus antigos medos e seu sofrimento causado pelos pais. Isso permaneceu um tabu. Ao menos ele escreveu a mais tarde famosa *Carta ao pai*; contudo, não a enviou a ele, mas à mãe, com o pedido de que a entregasse ao pai. Kafka procurava nela a Testemunha Esclarecida e esperava que ela, finalmente, entendesse seu sofrimento graças a essa carta e se oferecesse a ele como intermediária. Mas a mãe não só reteve a correspondência, como nunca tentou conversar com o filho sobre seu conteúdo. Sem o apoio de uma Testemunha Esclarecida, Kafka não tinha condições de se confrontar com seu pai. O temor do castigo iminente era imenso. Pensemos apenas no conto *O veredicto*, que descreve esse temor. Infelizmente, Kafka não tinha quem o pudesse ajudar a enviar essa carta, apesar de seu medo. Talvez tivesse sido isso sua salvação. Sozinho, ele não conseguia se atrever a dar esse passo; em vez disso, adoeceu de tuberculose e morreu já aos quarenta e poucos anos.

Algo semelhante pode ser observado em Nietzsche, cuja tragédia descrevi em *Der gemiedene Schlüssel* [A chave evitada] e em *Abbruch der Schweigemauer* [A derrubada do muro do silêncio]. Entendo a grandiosa obra de Nietzsche como um grito pela libertação da mentira, da exploração, do fingimento e da própria acomodação. Mas ninguém – e menos ainda ele próprio – pôde ver seu sofrimento quando era criança. Seu corpo, porém, sentia essa carga sem cessar. Ainda menino, teve que lutar contra o reumatismo, que, indubitavelmente, assim como suas fortes dores de cabeça, podia ser atribuído à contenção das emoções intensas. Ele sofreu também de outras incontáveis enfermidades; segundo se diz, elas chegaram a cem ao longo de um ano escolar. Ninguém podia se dar conta de que isso era o sofrimento com a moral mentirosa que fazia parte de seu cotidiano porque todos respiravam o mesmo ar que ele. Mas seu corpo sentiu as mentiras de forma mais clara que as outras pessoas. Se alguém tivesse ajudado Nietzsche a admitir o conhecimento de seu corpo, ele não precisaria ter "perdido a razão" para conseguir ficar cego em relação a sua própria verdade até o fim de sua vida.

I.2 A luta pela liberdade nos dramas e o grito ignorado do próprio corpo (Friedrich von Schiller)

Ainda hoje, muitas vezes, sustenta-se que as crianças que apanham não são prejudicadas com esse comportamento, e muitas pessoas pensam que sua própria vida é uma prova dessa afirmação. Elas podem acreditar nisso enquanto o nexo entre sua doença na idade adulta e as surras levadas na infância ficar dissimulado. Com o exemplo de Friedrich von Schiller, podemos mostrar como essa dissimulação funciona bem, tendo sido adotada de forma acrítica ao longo dos séculos.

Friedrich von Schiller passou seus três primeiros e decisivos anos sozinho com sua afetuosa mãe e, junto dela, pôde desenvolver seu gênio e seu enorme talento. Foi apenas em seu quarto ano de vida que seu pai déspota voltou da longa guerra. Ele é descrito por Friedrich Burschell, biógrafo de Schiller, como um homem severo, impaciente, com tendência à irascibilidade e "com uma obstinação estúpida". Ele tinha uma ideia de educação que mirava impedir as manifestações espontâneas e criativas de seu filho, cheio de vitalidade. Apesar disso, Schiller mostrava um bom desempenho na escola, graças à inteligência e à autenticidade que pôde desenvolver nos primeiros anos passados na segurança afetiva de sua mãe. Mas, aos 13 anos, o jovem ingressou na academia militar e sofreu de maneira inenarrável sob a disciplina desse regime. Assim como aconteceria mais tarde com o jovem Nietzsche, Schiller foi acometido por numerosas enfermidades, tinha dificuldade para se concentrar, passava, algumas vezes, semanas inteiras na enfermaria e, por fim, tornou-se um dos piores alunos. A queda em seu desempenho foi explicada por suas enfermidades; aparentemente, não passou pela cabeça de ninguém que a disciplina desumana e absurda do internato, onde ele teve que ficar por oito anos, esgotou totalmente seu corpo e suas energias psíquicas. Para sua carência, ele não encontrou outra língua senão a das doenças, a língua do corpo, muda, incompreendida de todos ao longo dos séculos.

Sobre essa escola, Friedrich Burschell escreve o seguinte:

> "Aqui se descarregou o *páthos* transbordante de uma pessoa jovem, sedenta de liberdade, que, nos seus anos mais vulneráveis, teve que se sentir como um prisioneiro, pois os portões dessa instituição não se abriam senão para o passeio obrigatório, que os alunos deviam realizar sob vigilância militar. Nesses oito anos, Schiller quase não teve um dia livre e não dispunha senão ocasionalmente de algumas horas livres. Naquela época, não se conheciam os recessos escolares, não se concediam férias. O dia inteiro era regulado à maneira militar. Nos grandes dormitórios, acordava-se às cinco horas no verão, às seis horas no inverno. Suboficiais vigiavam a arrumação das camas e a toalete. Em seguida, os alunos marchavam para a sala de formação para a chamada matutina; de lá, para o refeitório, para o café da manhã, que consistia em pão e mingau. Todas as tarefas eram executadas mediante comando. O juntar as mãos para a prece, o descansar armas e o marchar. O período de aula era das sete às doze horas. Depois vinha a meia hora que valeu ao aluno Schiller a maioria das repreensões e a fama de 'toucinho': o momento da limpeza, chamado de

propreté. Então, colocava-se o uniforme de parada, a túnica azul-ferrete com as insígnias pretas, colete e calças brancas, punhos, botas e espada, o tricórnio com galão e penacho. Como o duque não podia suportar cabelos ruivos, Schiller tinha que os polvilhar com talco. Além disso, como todos os outros, tinha uma trança artificial e, nas têmporas, dois papelotes fixados com gesso. Assim vestidos, os alunos marchavam para a chamada do meio-dia e para o refeitório. Depois da refeição, eram dadas as ordens de marcha e de exercícios; depois, aula das duas às seis horas; em seguida, a *propreté* novamente. O resto do dia era dedicado ao estudo individual, imposto com precisão. Logo depois do jantar, ia-se para a cama. Na camisa de força desse ordenamento eternamente idêntico, o jovem Schiller ficou encerrado até seus 21 anos" (Burschell, 1958, p. 25).

Schiller sempre teve que sofrer com espasmos muito dolorosos em diversos órgãos; a partir dos quarenta anos, seguiram-se diversas enfermidades, que o confrontaram constantemente com o perigo da morte, inclusive associadas a delírios, e acabaram por matá-lo aos 46 anos.

Para mim, não há dúvidas de que esses espasmos devem ser atribuídos aos frequentes castigos corporais de sua infância e à cruel disciplina de sua juventude. Na realidade, a prisão começou já antes do colégio militar, com o pai, que combatia sistematicamente os sentimentos de alegria no filho – mas também em si mesmo –, chamando a isso autodisciplina. Assim, por exemplo, impunha aos filhos que parassem de comer e deixassem a mesa sempre que sentissem prazer na alimentação. O pai fazia o mesmo. Pode ser que essa forma bizarra de repressão de toda e qualquer qualidade de vida fosse uma exceção, mas, naquela época, o sistema do colégio militar era amplamente difundido e visto como sendo a rígida educação prussiana, sobre cujas consequências praticamente não se refletia. A atmosfera desse colégio lembra algumas descrições dos campos de concentração nazistas. Indubitavelmente, nestes últimos, o sadismo estatalmente organizado era muito mais pérfido e cruel do que nas academias militares, mas suas raízes estão no sistema educacional do século passado (*cf.* AM 1980). Tanto os que mandavam quanto os que executavam as crueldades planejadas experimentaram, quando crianças, golpes e outros inúmeros métodos de humilhação no próprio corpo, aprendendo-os com exatidão, de modo que pudessem, mais tarde, da mesma forma, sem sentimento de culpa e sem reflexão, impingi-los a outras pessoas submetidas ao seu poder, como crianças ou prisioneiros. Schiller não era dado a vingar nos outros o terror um dia suportado. Mas seu corpo sofreu a vida inteira, como consequência da brutalidade de que teve que padecer na infância.

É claro que Schiller não foi um caso especial. Milhões de homens tiveram que passar por colégios similares quando crianças e aprender a se submeter em silêncio ao suprapoder da autoridade, se não quisessem ser severamente castigados ou até mesmo mortos. Essas experiências contribuíram para que eles tivessem o quarto mandamento em alta conta e estampassem em seus filhos, da forma mais intensa possível, a marca do não questionamento dessa autoridade. Portanto, não é de espantar que os filhos dos netos afirmem ainda hoje que os tapas tenham-lhes feito bem.

É certo que Schiller faz parte das exceções. Em toda a sua obra, de *Os bandoleiros* a *Guilherme Tell*, lutou in cessantemente contra o exercício do poder cego por parte das autoridades e, com sua magnífica linguagem, permitiu que germinasse a esperança de que essa luta pudesse ser vencida, um dia, em muitas pessoas. Mas, em todas as suas obras, Schiller não sabe que sua revolta contra as ordens absurdas das autoridades é alimentada pelas antigas experiências de seu corpo. Ele foi impelido a escrever por seu sofrimento com o poder escuso e atormentador exercido por seu pai, mas ele não pode discernir essa motivação. Ele quer escrever uma literatura bela e grandiosa. Ele quer dizer a verdade por meio de personagens históricos, o que conseguiu de maneira fantástica. Somente a verdade plena sobre seu sofrimento com o pai nunca foi mencionada e permaneceu oculta para ele até sua morte precoce. Ela manteve-se um segredo para Schiller e para a sociedade que o admira há séculos e o toma como modelo, por ter ele lutado pela liberdade e pela verdade em suas obras. Mas apenas pela verdade admitida pela sociedade. Como ficaria chocado o corajoso Friedrich Schiller se alguém tivesse lhe dito: você não precisa honrar seu pai. Pessoas que o prejudicaram não precisam ser amadas e honradas por você, mesmo sendo seus pais. Você paga com os mais terríveis tormentos de seu corpo por essa honorificência e por esse respeito. Você tem a possibilidade de se libertar, se não mais render homenagem ao quarto mandamento. O que Schiller teria dito a esse respeito?

I.3 A traição das próprias lembranças (Virginia Woolf)

Há mais de duas décadas, em *Não perceberás*, chamei a atenção para a história de Virginia Woolf, que, como sua irmã Vanessa, sofreu abuso sexual por parte de seus dois meios-irmãos quando criança. Segundo indicações de Louise deSalvo (1990), ela sempre torna a voltar àqueles tempos horríveis em seus diários – em mais de 24 volumes –, em que não ousava contar a situação aos pais porque não podia esperar deles nenhum apoio. Ela sofreu a vida toda de depressões e, mesmo assim, tinha força para trabalhar em suas obras literárias, com a esperança de, dessa forma, conseguir se expressar e, finalmente, superar os horríveis traumas da infância. Mas, em 1941, a depressão venceu, e Virginia Woolf afogou-se.

Quando escrevi seu destino em *Não perceberás*, faltava-me uma informação importante, que só recebi muitos anos mais tarde. Os estudos de Louise deSalvo relatam como Virginia Woolf, depois de ter lido as obras de Freud, começou a duvidar da autenticidade de suas lembranças, as quais haviam sido anotadas imediatamente antes, em esboços autobiográficos, não obstante também pudesse saber por Vanessa que esta também havia sofrido abuso por parte dos meios-irmãos. DeSalvo escreve que Virginia, apoiando-se em Freud, passou a se esforçar em considerar o comportamento humano não mais como consequência lógica das vivências da infância, como fizera até então, mas como resultado dos estímulos, fantasias e represen tações de desejo. Os escritos de Freud desorientaram Virginia Woolf por completo: por um lado, ela sabia exatamente o que tinha acontecido; por outro, como quase toda vítima de violência sexual naquela época, queria que aquilo não fosse verdade. Por fim, aceitou bem as teorias de Freud, tendo sacrificado sua memória por essa recusa. Ela começou a idealizar seus pais, a descrever sua família inteira sob uma luz muito positiva, como não fazia antes. Depois de dar razão a Freud, tornou-se insegura, desorientada e passou a se tomar por louca. DeSalvo escreve:

> "Acredito fortemente que, com isso, sua resolução de se matar foi reforçada, e essa tese pode ser comprovada. (...) Em minha opinião, para Virginia, com Freud, a relação causa-consequência que ela tentara esclarecer foi privada de sua base, de modo que ela se viu forçada a retratar suas próprias explicações para sua depressão e para seu estado mental. Ela partia do princípio de que era possível atribuir seu estado às experiências incestuosas de sua infância. Mas, para concordar com Freud, precisava considerar outras possibilidades: que suas lembranças eram distorcidas, ou até mesmo falsas, que elas eram mais uma projeção de seus desejos do que experiência real, que o incidente em si era produto de sua imaginação" (DeSalvo, 1990, p. 155).

Talvez o suicídio pudesse ter sido evitado se Virginia Woolf tivesse tido uma Testemunha Esclarecida, com quem pudesse partilhar seus sentimentos sobre a crueldade tão cedo sofrida. Mas não havia ninguém, e ela considerou Freud o especialista. Nisso, ela se enganou grosseiramente; os escritos dele a desorientaram, e ela, então, preferiu perder a crença em si própria a perder a crença na figura paterna de Sigmund Freud, que representava as medidas de valor para a sociedade da época. Infelizmente, estas não mudaram de lá para cá. Ainda em 1987, o jornalista Nikolaus Frank teve que passar pela experiência da indignação desencadeada por uma observação feita por ele, em uma entrevista à revista *Stern*, de que nunca perdoaria seu pai por suas crueldades. Seu pai era chefe distrital na Cracóvia, durante a guerra, e fez muitas pessoas sofrerem de forma inenarrável. Mas a sociedade inteira esperava do filho indulgência para com esse monstro. Escreveram a Nikolaus Frank que o pior que seu pai tinha feito era ter criado um filho assim.

I.4 O ódio por si mesmo e o amor não correspondido (Arthur Rimbaud)

Arthur Rimbaud nasceu em 1854 e morreu de câncer em 1891, ou seja, aos 37 anos, alguns meses depois de ter sua perna direita amputada. Sobre a mãe dele, Yves Bonnefoy escreveu que ela havia sido dura e brutal, que sobre isso todas as fontes eram unânimes:

"A mãe de Rimbaud era um ser cheio de ambições, orgulhoso, obstinado no amor-próprio, cheio de ódio oculto e de secura. Um modelo de pura energia, decorrente de uma religiosidade beata; das espantosas cartas que ela escreveu em 1900, depreende-se até mesmo que era apaixonada pela destruição, pela morte. Como poderíamos não lembrar aqui de seu entusiasmo por tudo o que se relacionava com o cemitério? Aos 75 anos, ela se faz mergulhar pelos coveiros na cova em que, mais tarde, será enterrada, entre os filhos falecidos, Vitali e Arthur, para saborear assim um gosto prévio da noite" (Bonnefoy, 1999, p. 17).

Como deve ter sido para uma criança inteligente e sensível viver ao lado de uma mulher assim? A resposta encontra-se na poesia de Rimbaud. O biógrafo escreve:

"Ela tentou, por todos os meios, parar e interromper inclusive essa evolução imutável. Deveriam ser sufocados já na germinação, ao menos, todo desejo de independência e todo pressentimento de liberdade. No jovem, que se sentia como um órfão, a relação com a mãe cindiu-se em ódio e servidão. Do fato de que ele não gozava de nenhum amor, Rimbaud concluiu de forma imprecisa que era culpado. Ele se voltou de maneira selvagem contra seus juízes, com toda a força de sua inocência" (*ibid*).

A mãe mantinha seu filho sob seu total controle e chamava isso de amor materno. Seu atento filho percebia essa mentira, notava que a preocupação incessante com formalidades nada tinha a ver com amor verdadeiro, mas não conseguia admitir totalmente o que observava, pois, sendo criança, precisava necessariamente do amor, ao menos da ilusão do amor. Não podia odiar a mãe, que, aparentemente, preocupava-se tanto com ele. Então, dirigiu seu ódio contra si mesmo, na convicção inconsciente de ter merecido a frieza e a mentira. Era atormentado pela repugnância, que ele projetava sobre a cidade provincial, sobre a moral mentirosa, da mesma forma que Nietzsche o fez, e sobre si mesmo. A vida inteira tentou fugir desses sentimentos com a ajuda do álcool, do haxixe, do absinto, do ópio e também das longas viagens. Na adolescência, fugiu duas vezes de casa, mas foi apanhado de volta.

Em sua poesia espelha-se o ódio por si mesmo, mas também a busca do amor, que lhe fora tão totalmente recusado no início da vida. Mais tarde, nos tempos de escola, teve a sorte de encontrar um professor carinhoso, que se tornou para ele, justamente nos anos decisivos da puberdade, um amigo sincero, companheiro e incentivador. Essa confiança permitiu que Rimbaud escrevesse e se dedicasse aos seus pensamentos filosóficos. Mas sua infância continua a estrangulá-lo. Ele tenta dissolver seu desespero quanto ao amor perdido em contemplações filosóficas sobre a essência do verdadeiro amor. Mas isso não passa de uma abstração, já que, embora rejeitasse intelectualmente a moral, continuava a ser seu fiel servidor. Ele podia repugnar a si mesmo, mas não a sua mãe. Não podia ouvir as mensagens dolorosas de suas lembranças da infância sem destruir as esperanças que o ajudaram a sobreviver quando criança. Rimbaud escreveu repetidas vezes que só podia confiar em si mesmo. O que o jovem rapaz teve que aprender vivendo junto de uma mãe que, em vez de lhe dar amor verdadeiro, ofereceu-lhe apenas sua perturbação e sua hipocrisia? Sua vida inteira foi uma grandiosa tentativa de se salvar, com todos os meios que estavam a sua disposição, da destruição por parte de sua mãe.

Provavelmente, é também por essa razão que os jovens que, na infância, passaram pelo que Rimbaud passou, são fascinados por sua poesia, pois são capazes de sentir nela, de modo vago, sua própria história.

É sabido que Rimbaud era amigo de Paul Verlaine. Sua ânsia de amor e de comunicação verdadeira parece ser satisfeita pela primeira vez nessa relação, mas a desconfiança originária da infância, que se anuncia na intimidade com uma pessoa amada, bem como o passado de Verlaine não permitem que esse amor viva. A fuga para as drogas impossibilitou a ambos viver a abertura que procuravam. Os dois machucaram-se reciprocamente; Verlaine agia, afinal, de forma tão destrutiva quanto a mãe de Rimbaud e, embriagado, chegou até mesmo a atirar nele por duas vezes. Por essa razão, teve que passar dois anos na prisão.

Para salvar o verdadeiro "amor em si" de que sentira falta na infância, Rimbaud procurou o amor na Caritas, na compreensão, na compaixão pelos outros. Ele quis dar aos outros aquilo que ele próprio não havia recebido. Quis entender seu namorado, ajudá-lo, entender a si mesmo, mas as emoções recalcadas de sua infância sempre estragaram seus planos. Ele não encontrou no amor cristão pelo próximo nenhuma redenção, pois sua percepção incorruptível não lhe permitia um autoengano. Assim, passou a vida inteira procurando sua verdade, que lhe permaneceu oculta, porque aprendera muito cedo a se odiar pelo que a mãe lhe havia feito. Rimbaud vê a si próprio como um monstro, sua homossexualidade é entendida como um vício, seu desespero, como pecado, mas ele não se permitia dirigir sua cólera eterna e justificada na direção de sua origem: a mulher que o manteve em sua prisão por tanto tempo quanto pôde. Durante toda a sua vida, ele quis se libertar dessa prisão, com a ajuda do consumo de drogas, das viagens, das ilusões e, sobretudo, da poesia, mas, em todas essas desesperadas tentativas de abrir portas para a libertação, uma, a mais importante, permaneceu fechada: a porta para a realidade emocional de sua infância, para os sentimentos da criancinha que teve que crescer sem um pai protetor, com uma mulher altamente perturbada e má.

A biografia de Rimbaud mostra de forma exemplar como, durante uma vida inteira, o corpo precisa procurar o verdadeiro alimento de que tão cedo sentiu falta. Rimbaud era impelido a apaziguar uma falta, uma fome que já não podiam ser apaziguadas. Assim vistos, seu consumo de drogas, suas numerosas viagens, sua amizade com Verlaine podem ser entendidos não apenas como uma fuga da mãe, mas também como a busca do alimento que lhe havia sido negado por ela. Como essa realidade interna precisava ficar inconsciente, a vida de Rimbaud foi marcada pela compulsão à repetição. Depois de cada fuga malsucedida, ele voltava para a mãe, inclusive depois da separação de Verlaine e no final de sua vida, quando já tinha sacrificado sua criatividade, deixado de escrever havia anos e, dessa forma, satisfeito indiretamente às exigências da mãe, tornando-se comerciante. Embora Rimbaud tenha passado o período imediatamente anterior a sua morte em um hospital de Marselha, antes ele estivera junto da mãe e da irmã em Roche, onde se fez tratar. A busca pelo amor da mãe terminava na prisão da infância.

I.5 A criança aprisionada e a necessidade da recusa da dor (Yukio Mishima)

Yukio Mishima, o famoso poeta japonês, que, em 1970, aos 45 anos, cometeu *harakiri*, descreveu-se, muitas vezes, como monstro porque sentia em si uma tendência para o mórbido, para o perverso. Suas fantasias diziam respeito à morte, ao mundo negro, à violência sexual. Por outro lado, suas poesias demonstram uma sensibilidade extraordinária, que muito teve que sofrer com as experiências trágicas de sua infância.

Mishima foi o primogênito. Quando ele nasceu, em 1925, seus pais, como ainda era comum no Japão daquela época, viviam, como recém-casados, na casa dos avós de Mishima. Praticamente desde o início, ele foi levado por sua avó, então com aproximadamente 50 anos, para o quarto desta; sua caminha ficava ao lado da cama dela, e ali ele viveu, durante anos, totalmente isolado do mundo inteiro, exclusivamente entregue às próprias necessidades. A avó sofria de depressão grave e assustava o menino com suas explosões histéricas ocasionais. Ela desprezava seu marido e também seu filho, pai de Mishima, mas endeusava, a seu modo, o neto, que só podia pertencer a ela. Em seus primeiros registros autobiográficos, o poeta recorda-se de que aquele quarto que dividia com a avó era sufocante e fétido, mas não relata suas emoções de cólera e de rejeição de sua situação porque ela lhe parecia ser a única normal. Aos 4 anos, ele desenvolveu uma enfermidade grave, que foi descrita como autointoxicação e, mais tarde, revelou-se crônica. Quando foi para a escola, aos 6 anos, conheceu, pela primeira vez, outras crianças, entre as quais, porém, ele se sentia estranho e estrangeiro. Claro que Mishima tinha dificuldade de lidar com outros alunos mais livres emocionalmente e que haviam passado por outro tipo de experiência em suas famílias. Quando tinha 9 anos, seus pais se mudaram para sua própria casa, mas não levaram o filho consigo. Nessa época, ele começou a escrever poemas, e a avó apoiava essa iniciativa. Quando foi para junto dos pais, aos 12 anos, sua mãe também tinha orgulho do que ele escrevia, mas o pai rasgou seus manuscritos, e, com isso, Mishima foi obrigado a escrever em segredo. Em casa, também não encontrava nem compreensão nem aceitação. A avó quisera fazer dele uma moça e o pai, um jovem, batendo nele. Assim, ia muitas vezes para a casa da avó, pois ela se tornara para ele uma fuga dos abusos do pai, sobretudo porque passou a levá-lo ao teatro aos 12, 13 anos. Isso lhe abriu as portas para um novo mundo: o dos sentimentos.

Entendo o suicídio de Mishima como a expressão de sua incapacidade de experimentar os sentimentos presentes na tenra infância, sentimentos de rejeição, de ira, de indignação diante do comportamento de sua avó, e que nunca pudera expressar, porque ele lhe era grato. A avó, certamente, apareceu para o menino como salvadora, em sua solidão e em comparação com o comportamento do pai. Seus verdadeiros sentimentos permaneceram na prisão de seu vínculo com essa mulher que, desde o início, explorou o menino para suas próprias necessidades, provavelmente inclusive sexuais. Mas, geralmente, os biógrafos calam-se a esse respeito. Até o fim, até sua morte, Mishima também não falou sobre isso, não apresentou para si a sua verdade.

Várias razões são apresentadas para o *harakiri* de Mishima. Contudo, a razão mais evidente é raramente mencionada, porque é totalmente normal que se deva gratidão aos pais, aos avós ou aos seus substitutos, mesmo que se tenha sido maltratado por eles. Isso faz parte da nossa moral, que faz com que nossos verdadeiros sentimentos e nossas genuínas necessidades sejam enterrados. Doenças graves, casos de morte precoce e de suicídio são a consequência lógica dessa submissão a leis que denominamos moral e que, no fundo, ameaçam sufocar a verdadeira vida, no mundo inteiro, enquanto nossa consciência tolerar e considerar essas leis superiores à vida. Como o corpo não acompanha esse processo, ele fala na língua das doenças, raramente compreendida, enquanto a recusa dos verdadeiros sentimentos da infância não for discernida.

Alguns mandamentos do decálogo ainda podem reivindicar validade nos nossos dias. Mas o quarto mandamento contradiz as leis da psicologia. É indispensável que se torne conhecido o fato de que o "amor" obtido à força pode causar muitíssimos danos. Pessoas que foram amadas quando crianças amarão seus pais, sem precisar obedecer a um mandamento. E a obediência a um mandamento nunca conseguirá gerar amor.

I.6 Sufocado pelo amor materno
(Marcel Proust)

Quem uma vez na vida teve a calma e o tempo necessários para mergulhar no mundo de Marcel Proust sabe quanta riqueza de sentimentos, de sensações, de imagens e de observações esse autor pode oferecer ao leitor. Para escrever assim, ele também teve que vivenciar toda essa riqueza, quando trabalhou durante vários anos em sua obra. Por que essas vivências não lhe deram força para viver? Por que ele morreu dois meses depois de terminar o livro? E por que de asfixia? "Porque sofria de asma e, por fim, contraiu uma pneumonia", seria a resposta convencional. Mas por que ele sofria de asma? Ele teve a primeira crise já aos 9 anos de idade. O que o levou a ter essa doença? Não era ele o filho amado de sua mãe? Ele conseguia sentir seu amor ou, antes, lutava contra as dúvidas?

O fato é que ele só conseguiu descrever o mundo de suas observações, sentimentos e pensamentos depois da morte de sua mãe. Algumas vezes, ele se sentia como uma imposição para ela, a quem não conseguia se mostrar. Não como ele era na realidade, como ele pensava e sentia. Isso se mostra claramente em suas cartas à mãe, de que cito trechos mais adiante. Ela o "amava" a seu modo. Preocupava-se muito com ele, mas queria determinar cada detalhe de sua vida, escolher suas relações, proibir ou permitir que fizesse coisas ainda aos 18 anos. Ela queria tê-lo do modo como precisava dele: dependente e submisso. Ele tentava se defender dela, mas se desculpava por isso com medo e desespero, de tanto que temia perder sua dedicação. Embora tenha procurado o verdadeiro amor de sua mãe durante a vida inteira, precisava se proteger do constante controle que ela lhe impunha e de sua pretensão de poder, retirando-se em seu interior.

A asma de Proust expressava essa necessidade. Ele inspirava ar demais (amor) e não conseguia expirar o excesso de ar (controle), não conseguia se rebelar contra a cobrança de sua mãe. De fato, sua magnífica obra pôde ajudá-lo a finalmente se expressar e a presentear outras pessoas ricamente com isso. Mas, durante anos, ele sofreu com martírios físicos, porque seu sofrimento com a mãe controladora e exigente não podia se tornar plenamente consciente. Visivelmente, ele teve que poupar a mãe interiorizada até o fim, até sua morte, e pensava também ter que se proteger da verdade. Seu corpo não conseguiu aceitar esse compromisso. Ele bem conhecia a verdade, provavelmente desde o nascimento de Marcel. Para ele – o corpo –, a manipulação e a preocupação nunca foram expressão de um verdadeiro amor, mas sim um sinal de medo. Era o medo de uma filha, sobretudo convencional, dócil e burguesa, diante da criatividade de seu filho. Jeannette Proust cuidava muito bem em desempenhar seu papel de mulher de um médico reconhecido e em ser apreciada na sociedade, cujo juízo era-lhe muito importante. Ela sentia a originalidade e a vivacidade de Marcel como uma ameaça, que ela queria exterminar do mundo por todos os meios. O menino vivaz e sensível não escapou a tudo isso. Mas teve que silenciar durante muito tempo. Somente após a morte da mãe é que conseguiu publicar suas agudas observações e apresentá-las de maneira crítica à sociedade burguesa de sua época, como ninguém havia feito antes dele. A própria mãe foi poupada dessa crítica, embora tenha sido justamente ela quem lhe fornecera o modelo vivo para tanto.

Proust escreveu a Montesquiou, aos 34 anos, imediatamente após a morte da mãe:

> "Ela sabe que não estou em condições de viver sem ela (...) A partir de agora, minha vida perdeu seu objetivo próprio, sua doçura própria, seu amor-próprio, seu consolo próprio. Perdi aquela cuja vigilância infinita trazia-me, na paz, no amor, o único maná da minha vida (...) Estou saturado de todas as dores (...) Como dizia a irmã que cuidou dela: para ela, eu nunca passei dos 4 anos" (citação segundo Mauriac, [17]2002, p. 10).

Nessa descrição de seu amor pela mãe, refletem-se a dependência e o vínculo de Proust com aquela que não lhe permitia nenhuma libertação nem lhe deixava espaço para uma oposição aberta contra a constante vigilância. Essa sua necessidade expressou-se na asma: "Inspiro tanto ar e não consigo expirá-lo, tudo o que ela me dá, *tem* que ser bom para mim, mesmo que me sufoque."

Um olhar retrospectivo sobre a história da infância de Proust esclarece as origens dessa tragédia, explicando por que ele permaneceu tão completamente vinculado a sua mãe por tanto tempo, sem conseguir se libertar, embora sofresse com ela.

Os pais de Proust casaram-se no dia 3 de setembro de 1870 e, em 10 de julho de 1871, nasceu seu primeiro filho, Marcel. Isso aconteceu em uma noite muito turbulenta, em Auteuil, onde a população ainda se encontrava sob o choque da invasão prussiana. É fácil imaginar que sua mãe quase não conseguia se livrar por completo do nervosismo então reinante para se concentrar interior, exclusiva e carinhosamente em seu recém-nascido. Também é evidente que o corpo do bebê sentia a agitação e tinha dúvidas sobre se era desejado. Nessa situação, a criança precisaria ser mais acalmada do que foi. Essa falta, sob determinadas circunstâncias, pode provocar no bebê o medo da morte, que, mais tarde, pode afetar gravemente sua infância. E assim foi também com Marcel.

Durante toda sua infância, ele não conseguia dormir sem o beijo de boa-noite da mãe, e essa necessidade tornava-se tanto mais forte quanto mais era sentida, pelos pais e por todo o *entourage*, como um mau hábito importuno. Como toda criança, Marcel queria, de qualquer jeito, acreditar no amor de sua mãe, mas, de algum modo, parecia não conseguir se livrar da lembrança de seu corpo, que o fazia lembrar dos sentimentos confusos de sua mãe logo após seu nascimento. O beijo de boa-noite deveria mitigar essa primeira percepção física, mas, já na noite seguinte, as dúvidas se anunciavam novamente. Tanto mais porque as constantes visitas noturnas na sala podiam despertar no menino o sentimento de que os muitos homens e mulheres da alta burguesia significavam mais para a mãe do que ele. Como ele era ínfimo em comparação com eles. Então, ficava deitado na cama, esperando por um sinal de amor, da forma como o tinha desejado. Contudo, o que recebia incessantemente da mãe era a preocupação com seu bom comportamento, com sua adequação, com sua "normalidade".

Mais tarde, quando adulto, Marcel partiu para escrutar o mundo que havia roubado dele a sensação do amor materno. Em um primeiro momento, fez isso como *dandy*, nos salões, e, mais tarde, depois da morte da mãe, em sua fantasia, descrevendo esse mundo com indizível paixão, precisão e sensibilidade. É como se tivesse partido em uma longa viagem para, finalmente, receber a resposta para a pergunta: "Mamãe, por que todas essas pessoas são mais interessantes do que eu? Não percebe a altivez, o esnobismo delas? Por que minha vida, minha saudade, meu amor são tão pouco para você? Por que a incomodo?"

Talvez o menino tivesse assim pensado se pudesse ter vivido conscientemente suas emoções, mas Marcel quis ser um bom menino e não criar problemas. Foi dessa forma que ele se encontrou no mundo da mãe, e esse mundo começou a fasciná-lo; ele podia configurá-lo livremente em sua obra, como todo artista pode, e também estava livre para criticá-lo. E fez isso tudo na cama. A partir dali, fez suas viagens imaginárias, como se o leito de enfermo pudesse protegê-lo das consequências de sua gigantesca revelação, de um castigo temido.

Para um escritor, é possível permitir que seus personagens expressem aqueles verdadeiros sentimentos que ele, na realidade, nunca articularia em relação a seus pais. Em seu romance da juventude, *Jean Santeuil*, fortemente marcado por traços autobiográficos, publicado apenas depois de sua morte, e que Claude Mauriac, entre outros, cita como fonte biográfica para a juventude do autor, Proust, de fato, expressa sua necessidade de forma ainda mais direta quando dá a entender que percebia a rejeição de seus pais. Ele fala de

> "grandes possibilidades de infelicidade (...) na natureza desse filho, em seu estado de saúde, em sua disposição para a tristeza, em sua extravagância, em sua indolência, na im-

possibilidade, para ele, de criar um lugar para si na vida" e da "dilapidação de seu intelecto" (Proust, 1992, p. 1051).

No mesmo romance, ele ainda mostra sua revolta em relação à mãe, mas sempre pela boca de seu herói Jean:

> "Então, sua cólera contra si mesmo misturou-se ainda com aquela contra seus pais. Mas, como eles eram a origem de seu medo, de sua cruel inatividade, de seus soluços, de sua enxaqueca, de sua insônia, ele gostaria de ter-lhes impingido algo de ruim ou, melhor ainda, teria gostado de poder receber sua mãe, quando ela entrasse, não com ultrajes, mas explicando que se recusava a todo tipo de trabalho, que dormiria todas as noites em outro lugar, que achava seu pai um tolo (...) e isso tudo só porque ele tinha a necessidade, para maltratar a si mesmo e a ela com palavras que atingiam como golpes, de devolver algo do mal que ela lhe impingira. Mas essas palavras, que ele não conseguia expressar, ficaram escondidas nele e agiam como um veneno, que não se pode eliminar e contamina todos os membros; seus pés, suas mãos tremiam e se crispavam no vazio, procuravam uma presa" (*ibid.*, p. 362).

Em contrapartida, depois da morte da mãe, ele não expressou senão amor. Onde ficou, na realidade, a verdadeira vida, com suas dúvidas e seus intensos sentimentos? Tudo se transformou em arte, e essa fuga da realidade foi paga com a asma.

Em uma carta de 9 de março de 1903, Marcel escreve a sua mãe: "Mas não reivindico um direito à alegria. Há muito que renunciei a isso" (Proust, 1970, p. 109). E em dezembro de 1903: "Mas, ao menos, conjuro a noite com o plano de uma vida segundo a sua vontade (...)"

(*ibid.*, p. 122), e mais adiante, na mesma carta: "Pois prefiro ter crises e agradar-lhe a desagradar-lhe e não as ter" (*ibid.*, p. 123). Muito significativa para o conflito entre o corpo e a moral é a citação de uma carta de Proust, do início de dezembro de 1902:

> "A verdade é que, assim que me encontro melhor, você destrói tudo, até que eu fique novamente pior, porque a vida que me causa melhora irrita-lhe (...) Mas é doloroso não poder ter ao mesmo tempo seu afeto e minha saúde" (*ibid.*, p. 105).

A lembrança mais famosa de Proust, a da *madeleine* – um bolinho francês – mergulhada no chá, fala, na verdade, de um raro momento de felicidade no qual ele se sentia abrigado e em segurança junto da mãe. Uma vez, quando tinha 11 anos, voltou de um passeio para casa congelado e encharcado; foi abraçado pela mãe e ganhou uma xícara de chá com uma *madeleine*. Sem repreensões. Parece que isso bastou para livrar o menino, por um breve espaço de tempo, do medo da morte que nele supostamente dormitava desde seu nascimento e que estava relacionado com a insegurança quanto ao fato de ser ele desejado.

Com as constantes punições e observações críticas de seus pais, esses medos latentes eram constantemente despertados por novos medos. É possível que o inteligente menino tenha pensado: "Mamãe, sou um fardo para você. Você queria que eu fosse diferente, você me mostra e me diz isso tão frequentemente." Quando criança, Marcel não conseguia expressar isso em palavras, e as origens de seus medos permaneceram todas ocultas. Ficava deitado, sozinho no quarto, esperando uma prova de amor da mãe e a explicação de por que ela queria que ele fosse diferente do que era. Essa realidade doía. A dor era claramente grande demais para poder ser sentida, as investigações e os questionamentos foram declarados como sendo literatura e banidos para o reino da arte. Continuou se negando a Marcel Proust a solução do enigma de sua vida. Penso que "o tempo perdido" tenha sido sua vida não vivida.

Ao mesmo tempo, a mãe de Proust não era nem pior nem melhor que a média das mães daquela época, e, sem dúvida, ao seu modo, ela se preocupava com o bem-estar do filho. Contudo, por não me identificar com seu sistema de valores, não posso me juntar ao coro dos biógrafos que louvam excessivamente suas qualidades maternas. Um deles escreve, por exemplo, que a mãe era, para o filho, um modelo na virtude do autossacrifício. É provável que seja verdade que Proust tenha aprendido já com a mãe a não desfrutar de sua alegria, porém não considero essa atitude em relação à vida algo louvável ou uma virtude.

O que a grave doença física provocou foi a obrigação de total gratidão e a impossibilidade de opor resistência ao controle e às restrições da mãe. Foi uma moral interiorizada que obrigou Marcel Proust a reprimir a revolta. Se, alguma vez, tivesse conseguido falar com sua mãe de forma semelhante à que fez com que seu herói, Jean Santeuil, falasse, ele não teria desenvolvido uma asma, não teria sofrido com crises de sufocação, não teria tido que passar metade de sua vida na cama e não teria morrido tão cedo. Ele escreve de forma muito clara em suas cartas à mãe que preferiria ficar doente a suportar o risco de sua reprovação. Manifestações desse tipo também são frequentes em nossos dias, basta que tomemos consciência das consequências da cegueira emocional.

I.7 O grande mestre da clivagem dos sentimentos (James Joyce)

James Joyce teve que passar por quinze cirurgias oftalmológicas em Zurique. O que será que ele não conseguia enxergar e sentir? Depois da morte de seu pai, ele escreveu a Harriet Shaw Weaver, em uma carta de 17 de janeiro de 1932, o seguinte:

> "Meu pai tinha um afeto extraordinariamente grande por mim. Ele foi a pessoa mais estúpida que já conheci, mas de uma astúcia mordaz. Pensou em mim até o último suspiro, e falou de mim. Sempre gostei muito dele, já que eu mesmo sou um pecador, e até mesmo de seus erros. A ele devo centenas de páginas e dúzias de personagens de meus livros. Muitas vezes dobrei-me de tanto rir de suas piadas secas (ou melhor, molhadas) e com a expressão de seu rosto" (Joyce, 1975, p. 223).

Em contraposição a essa representação idealizada do pai, está a carta de James Joyce a sua mulher, datada de 29 de agosto de 1904, depois da morte de sua mãe:

> "Como poderia me alegrar a lembrança da casa de meus pais? (...) Acredito que minha mãe tenha sido lentamente assassinada pelos maus-tratos de meu pai, por anos de preocupação e pela franqueza cínica da minha conduta. Quando ela estava no caixão, e eu olhei para o rosto dela – um rosto cinza e destruído pelo câncer –, entendi que olhava para o rosto de uma vítima e amaldiçoei o sistema que a

tinha tornado uma vítima [o sistema, não o pai idealizado! AM]. Éramos dezessete na família. Meus irmãos e irmãs nada significavam para mim. Apenas um de meus irmãos é capaz de me entender" (*cf. ibid.*, p. 56).

Quanto sofrimento do primeiro filho dessa mãe de dezessete crianças e de um alcoólatra violento esconde-se por trás dessas frases escritas de maneira objetiva? Esse sofrimento não se encontra expresso nas obras de Joyce, em vez disso é encontrado em sua defesa através de brilhantes provocações. As farsas do pai eram admiradas pelo menino, que frequentemente apanhava, e transformadas em literatura pelo adulto. Atribuo o grande sucesso de seus romances ao fato de muitas pessoas apreciarem essa forma de defesa dos sentimentos, tanto na literatura quanto na vida. Em *A verdade liberta*, tratei desse fenômeno, a propósito do romance autobiográfico de Frank McCourts, *As cinzas de Ângela*.

Posfácio à primeira parte

Devem existir inúmeras outras pessoas cujo destino decorreu da mesma forma. Todavia, os autores aqui citados são mundialmente conhecidos, e, desse modo, o teor de verdade de minhas palavras pode ser verificado através de suas obras e biografias. Esses escritores tinham em comum o fato de terem permanecido fiéis ao quarto mandamento e de terem honrado seus pais, que lhes impingiram sofrimentos durante toda sua vida. No altar de seus pais, eles sacrificaram sua própria necessidade de verdade, de fidelidade a si mesmos, de comunicação franca, de entendimento e de serem compreendidos; tudo isso na esperança de serem amados e de não se verem rejeitados por mais tempo. A verdade expressa em suas obras era dissociada. Isso os manteve sob o peso do quarto mandamento, na prisão da recusa.

Essa recusa levava a enfermidades graves e à morte prematura, o que novamente prova que Moisés estava redondamente enganado quando transmitiu a mensagem de que se vive mais quando se honram os pais. O quarto mandamento expressa uma ameaça unívoca.

É certo que as pessoas também vivem mais quando passam a vida inteira idealizando os pais que um dia as maltrataram. Entretanto, não sabemos como elas lidaram com sua inverdade. A maioria delas a transmitiu inconscientemente à geração seguinte. Em contrapartida, sabemos que os escritores aqui mencionados começaram a pressentir sua verdade. Contudo, em seu isolamento e em uma sociedade que sempre toma o partido dos pais, não conseguiram ter coragem de renunciar a sua recusa.

Qualquer um pode constatar por si mesmo a força da pressão da sociedade. Quando alguém, na idade adulta, reconhece a crueldade de sua mãe e fala abertamente sobre isso, ouve, de todos os lados, inclusive nas terapias: "Mas para ela também era difícil. Ela fez isso e aquilo por você. Você não deve condená-la, pintá-la com essas cores, vê-la por um lado só. Não existem pais ideais" etc. Temos a impressão de que aqueles que argumentam dessa forma defendem a própria mãe, enquanto a pessoa em questão não a atacou em absoluto. Ela só falou sobre a própria mãe. Essa pressão da sociedade é bem mais forte do que se imagina. Por isso, espero que minha exposição sobre os escritores não seja entendida como uma condenação, como uma crítica à falta de coragem deles, mas como o relato trágico sobre pessoas que até percebiam a verdade, mas, no isolamento, não a conseguiam admitir. É na esperança de reduzir esse isolamento que escrevo este livro. Pois não é raro que, nas terapias, deparemos com a solidão da criança que o adulto de hoje um dia foi, justamente por elas serem conduzidas sob a imposição do quarto mandamento.

II. A moral tradicional nas terapias e o conhecimento do corpo

> "Não ter lembranças da infância é
> como carregar sempre consigo uma
> caixa cujo conteúdo você não conhece.
> E, quanto mais velho você fica, mais pesada
> ela lhe parece e mais impaciente você fica
> para abrir finalmente aquela coisa."
>
> *Jurek Becker**

---

* Jurek Becker esteve preso quando criança nos campos de concentração de Ravensbrück e Sachsenhausen, dos quais ele não guardou nenhuma lembrança. Durante toda a vida, procurou o garoto que sobreviveu à extrema crueldade dos campos de concentração, graças aos cuidados de sua mãe.

Introdução à segunda parte

Os destinos dos escritores descritos na primeira parte são algo ainda do século passado. O que mudou de lá para cá? Na verdade, não muito, a não ser o fato de que, atualmente, algumas das vítimas de maus-tratos infantis de então buscam terapias para se libertar das consequências desses maus-tratos. Mas, assim como elas mesmas, muitas vezes seus terapeutas também têm medo de enxergar a plena verdade sobre a infância. Por conseguinte, somente em casos raros chega-se a uma cura. Na melhor das hipóteses, pode ocorrer uma breve melhora dos sintomas, quando se possibilita ao paciente a vivência de suas emoções. Ele pode senti-la, expressá-la na presença de outra pessoa, algo que, antes, ele nunca pôde fazer. Contudo, enquanto o próprio terapeuta estiver a serviço de um deus qualquer (as figuras dos pais) – chame-se ele Javé, Alá, Jesus, Partido Comunista, Freud, Jung etc. , ele não conseguirá auxiliar seu paciente em seu caminho para a autonomia. A moral do quarto mandamento mantém ambos em seu exílio, e o corpo do paciente paga o preço desse sacrifício.

Pode ser que eu seja criticada por ser de um otimismo ingênuo, quando, hoje, afirmo que esse sacrifício não seria necessário e que poderíamos nos libertar da ditadura da moral e do quarto mandamento sem precisar nos castigar por isso e sem nos prejudicar com isso. Pois como posso provar a uma pessoa, que se manteve a vida toda presa a obrigações, que, um dia, foram-lhe necessárias à sobrevivência, e hoje já não é capaz de imaginar uma vida sem elas, que é possível livrar-se disso? Quando digo que, graças à decifração de minha história, consegui alcançar essa liberdade, devo admitir que não sou um bom exemplo, pois levei mais de quarenta anos para chegar onde estou agora. Mas existem outros exemplos. Conheço pessoas que conseguiram desenterrar suas lembranças bem mais rapidamente e, graças à descoberta de sua verdade, abandonar o esconderijo autista onde tinham que se proteger antes. Essa viagem durou tanto tempo para mim porque tive que trilhar o caminho sozinha durante décadas e, somente ao final, encontrei o tipo de acompanhamento de que precisava. Em meu caminho encontrei pessoas para as quais também se tratava, sobretudo, de conhecer sua história. Elas queriam entender aquilo de que precisavam se proteger, o que lhes dava medo e como esses medos e as lesões graves muito cedo sofridas tinham atuado sobre toda a sua vida. Do mesmo modo que eu, elas tinham que fazer frente à ditadura da moral tradicional, mas, nisso, raramente estavam sozinhas. Existiam livros, existiam grupos que podiam tornar essa libertação mais fácil para elas. Depois da confirmação de suas percepções, elas conseguiam sair da perturbação e podiam permitir a si próprias admitir a indignação e o espanto ao se aproximar de sua verdade.

Henrik Ibsen falou uma vez dos pilares de nossa sociedade, querendo significar os poderosos que se beneficiam da hipocrisia dessa mesma sociedade. Espero que as pessoas que tomaram conhecimento de sua história e se libertaram das mentiras da moral impostas façam parte dos pilares da sociedade consciente do futuro. Sem a consciência daquilo que nos aconteceu na origem de nossa vida, toda a indústria cultural não passa, aos meus olhos, de uma farsa. Os escritores querem fazer boa literatura, mas não procuram descobrir a fonte inconsciente de sua criatividade, de sua necessidade de expressão e de comunicação. A maioria deles teme perder assim sua capacidade criativa. Vejo um medo parecido nos pintores, mesmo naqueles que (aos meus olhos) representaram seus medos inconscientes de forma bem clara em seus quadros, como, por exemplo, Francis Bacon, Hyeronimus Bosch, Salvador Dalí e muitos outros surrealistas. Com seus quadros, eles buscavam, de fato, a comunicação, mas em um plano que protegia sua recusa das vivências da infância, chamando-a de arte. Faz parte do tabu da indústria cultural focar a história de vida de um artista. Todavia, do meu ponto de vista, é justamente essa história inconsciente que o leva sempre a novas formas de expressão (*cf.*, por exemplo, AM, 1998b). Ela deve permanecer bloqueada para ele e para nossa sociedade, uma vez que poderia revelar o sofrimento com a educação um dia suportado e, desse modo, desrespeitaria o mandamento de "honrar os pais".

Quase todas as instituições participam dessa fuga da verdade. É que elas são dirigidas por pessoas, e a maioria das pessoas tem medo da palavra "infância" [*grifo nosso*]. Esse medo pode ser encontrado em todo lugar, nos consultórios dos médicos, dos psicoterapeutas, nos escritórios dos advogados, nos tribunais e, sobretudo, na mídia.

Da última vez que fui a uma livraria, uma vendedora contou-me de um programa de TV sobre maus-tratos infantis. Segundo ela, foram mostrados os casos mais graves de crueldade, inclusive de uma tal "mãe de Münch hausen", uma enfermeira que, nas visitas médicas, passava-se por uma mãe muito carinhosa e preocupada, mas, em casa, com a ajuda de medicamentos, desencadeou em seus filhos doenças que acabaram por matá-los, sem que, em um primeiro momento, a suspeita viesse a recair sobre ela. Minha interlocutora na livraria estava muito indignada com o fato de mesmo os especialistas presentes no debate não dizerem uma palavra sobre como podia existir uma mãe assim. Como se aquilo fosse uma fatalidade divina. "Por que eles não dizem a verdade?", a mulher perguntou-me. "Por que esses especialistas não dizem que essa mãe foi um dia severamente maltratada e repetia com sua ação o que um dia já lhe tinha acontecido?" Respondi: "Os especialistas o diriam se o soubessem, mas parece que não sabem." "Como isso é possível", perguntou a mulher, "se eu sei e não sou uma especialista? Basta ler alguns livros. Desde que comecei a fazer isso, minha relação com meus filhos mudou radicalmente. Então, como pode um especialista dizer que, felizmente, esses casos de maus-tratos infantis são raros e que suas origens não são compreendidas?"

Essa postura de minha interlocutora deixou claro para mim que eu ainda deveria escrever um livro. Ainda que demorasse talvez algum tempo até que esse livro fosse visto por muitos como um alívio. Não duvido de que isso já seja confirmado por algumas pessoas, por experiência própria.

Minhas tentativas de transmitir ao Vaticano o conhecimento acerca da importância da primeira infância mostraram-me como é impossível despertar o sentimento da caridade em homens e mulheres que, no início de suas vidas, aprenderam a reprimir seus sentimentos naturais de modo tão intenso, que nenhum vestígio restou deles. Tampouco resta curiosidade quanto aos sentimentos dos outros. Pessoas que foram psicologicamente massacradas quando crianças parecem viver em um *bunker* interno, no qual não podem senão orar a Deus. A este delegam sua responsabilidade, seguindo, bem-comportados, os preceitos da Igreja, para não serem punidas pelo Deus que se diz ser amoroso por um lapso qualquer.

Logo após a prisão de Saddam Hussein, repentinamente, vozes reuniram-se no mundo inteiro, estimuladas pelo Vaticano, inclusive vozes de compaixão com o tirano sem escrúpulos e, até então, temido. Contudo, no meu entender, em nosso julgamento sobre um tirano, não podemos partir do sentimento normal de compaixão para com o indivíduo, esquecendo seus atos.

Saddam Hussein nasceu em 28 de abril de 1937 e cresceu em uma família de camponeses, que vivia nas proximidades de Tikrit, em condições miseráveis, sem possuir terra própria. Segundo as informações das biógrafas Judith Miller e Laurie Mylroie (1990), seu pai biológico abandonou a mãe logo antes ou logo depois do nascimento da criança. Seu padrasto, um pastor, humilhava constantemente o garoto, chamando-o de filho da puta ou de filho de cadela, batia nele sem piedade e o maltratava de forma brutal. Para poder explorar ao máximo a força de trabalho do menino dependente, ele o proibiu de ir à escola até os 10 anos de idade. Em vez disso, acordava-o no meio da noite e o mandava cuidar do rebanho. Durante esses anos marcantes, toda criança desenvolve representações do mundo e dos valores da vida. Crescem nela desejos, com cuja satisfação ela sonha. No caso de Saddam, que foi um prisioneiro de seu padrasto, esses desejos não podiam significar senão uma coisa: o poder ilimitado sobre outras pessoas. Provavelmente, em seu cérebro, formou-se a ideia de que somente podia salvar a dignidade que lhe fora roubada se tivesse sobre outras pessoas o mesmo poder que seu padrasto teve sobre ele. Em sua infância, não existiam outros ideais, outros modelos: existiam apenas o padrasto todo-poderoso e ele, a vítima totalmente exposta ao terror. Foi segundo esse modelo que, mais tarde, o adulto organizou a estrutura de seu país. Seu corpo só conhecia a violência.

Todo ditador recusa o sofrimento de sua infância e tenta esquecê-lo por meio de sua megalomania. Mas, como o inconsciente da pessoa registrou em suas células sua história completa, ele o ameaça de confrontá-lo com sua verdade. O fato de Saddam, com sua fortuna de bilhões, ter procurado abrigo justamente nas proximidades de seu local de nascimento, onde nunca recebeu ajuda quando criança, em um local muito suspeito, que nem sequer era capaz de protegê-lo, reflete o impasse de sua infância e ilustra claramente sua compulsão à repetição. Também na infância ele não tinha nenhuma chance.

Pode-se provar que o caráter de um tirano não muda ao longo de sua vida, que ele abusa de seu poder de maneira destrutiva enquanto ninguém lhe oferece resistência. Pois seu objetivo real, inconsciente, escondido por trás de toda atividade consciente continua o mesmo: com a ajuda do poder, tornar sem efeito as humilhações sofridas na infância e recusadas. Mas, como isso nunca pode ser alcançado – uma vez que não é possível apagar e superar o que se passou enquanto se negar o sofrimento um dia vivido –, a aventura de um ditador está condenada a fracassar na compulsão à repetição. E cada vez mais vítimas vão pagar o preço disso.

Hitler, com seu próprio comportamento, mostrou ao mundo todo como seu pai lidava com ele quando era criança: de forma destrutiva, implacável, arrogante, desconsiderada, presunçosa, perversa, narcísica, intolerante e estúpida. Imitando-o inconscientemente, ele lhe permaneceu fiel. Pela mesma razão, outros ditadores, como Stálin, Mussolini, Ceausescu, Idi Amin, Saddam Hussein e muitos outros, se comportaram da mesma forma. A biografia de Saddam é justamente um exemplo capital da humilhação extrema de uma criança pela qual, mais tarde, muitos milhares de vítimas tiveram que pagar com a vida, como vítimas de sua vingança. A recusa em finalmente aprender com esses fatos parece grotesca, mas é absolutamente explicável.

É que o tirano sem escrúpulos mobiliza os medos recalcados das crianças um dia maltratadas, que nunca puderam denunciar seu pai, que ainda hoje não o podem fazer e lhe são fiéis, apesar dos tormentos sofridos. Todo tirano simboliza esse pai, ao qual está intimamente ligado, na esperança de, algum dia, conseguir transformá-lo em uma pessoa amorosa, com ajuda da própria cegueira.

Essa esperança pode ter levado os representantes da Igreja Católica a demonstrar compaixão por Hussein. Há dois anos, solicitei a ajuda de alguns cardeais, apresentando ao Vaticano o material sobre os danos tardios dos maus-tratos sofridos na infância e pedindo que os jovens pais fossem esclarecidos a esse respeito. Como disse, não consegui despertar em nenhum dos cardeais aos quais escrevi o menor traço de interesse pelo problema, que é ignorado pelo mundo inteiro, mas de extrema importância. Nem sequer se manifestou o mais ínfimo sinal de caridade cristã. Mas, hoje, demonstram, de forma inequívoca, que, embora sejam capazes de sentir piedade, reveladoramente, não a sentem nem pelas crianças maltratadas nem pelas vítimas de Saddam, mas apenas por ele mesmo, por uma figura paterna inescrupulosa, simbolizada pelo temido ditador.

Em regra, crianças espancadas, atormentadas, humilhadas, que nunca foram assistidas por uma Testemunha Esclarecida, desenvolvem, mais tarde, uma grande tolerância pelas crueldades das figuras paternas e, evidentemente, uma impressionante indiferença quanto ao sofrimento de crianças maltratadas. Esses adultos não querem, de forma alguma, saber que, um dia, foram uma delas, e a indiferença os preserva de abrir os olhos. Assim, tornam-se advogados do mal, ainda que estejam tão convictos de suas intenções humanitárias. Desde pequenos, tiveram que aprender a reprimir e ignorar seus verdadeiros sentimentos; precisaram aprender a se confiar não a esses sentimentos, mas unicamente às prescrições dos pais, professores e autoridades eclesiásticas. Mas seus deveres de adulto não deixam mais nenhum tempo para perceberem seus próprios sentimentos. A não ser que esses se adéquem ao sistema patriarcal de valores em que vivem: como é o caso da compaixão em relação ao pai, mesmo sendo ele ainda tão destrutivo e perigoso. Quanto mais graves os crimes de um tirano, mais evidente que ele poderá contar com a tolerância, enquanto o acesso à própria infância continuar hermeticamente obstruído para seus admiradores.

II.I A naturalidade dos maus-tratos infantis

Há alguns anos venho lendo os relatos dos fóruns da *Our Childhood* e quase sempre tenho a mesma experiência: a maioria dos novatos escreve que muito já leu no fórum e não sabe se está no lugar certo porque, na verdade, não sofreu nenhum mau trato na infância e, ali, fica sabendo de sofrimentos tão horríveis. Segundo eles, teriam apanhado aqui e ali, sofrido alguns abusos ou outros rebaixamentos, mas nunca tiveram que sofrer como muitos participantes do fórum para o qual escrevem. Todavia, com o tempo, essas pessoas também relatam comportamentos chocantes por parte de seus pais, que podem ser caracterizados como mau trato sem nenhuma reserva e também são sentidos dessa forma pelos outros. Mas eles mesmos precisam de um certo tempo para sentir o sofrimento de sua infância, o que conseguem lentamente, graças à simpatia dos participantes do fórum.

Esse fenômeno reflete a postura de toda a população mundial perante os maus-tratos infantis. Eles são caracterizados, no máximo, como faltas involuntárias cometidas por pais que tinham as melhores intenções, mas ficavam sobrecarregados com a educação. Ao mesmo tempo, o desemprego ou o excesso de trabalho são citados como origem para o fato de o pai ter batido no filho por descontrole, e as tensões no casamento são apresentadas como explicação para o fato de a mãe quebrar ferros de passar roupa nos corpos de seus filhos. Essas explicações absurdas são frutos de nossa moral, que, desde sempre, fica do lado dos adultos e volta-se contra a criança. O sofrimento das crianças não podia ser entendido a partir dessa perspectiva. Dessa compreensão surgiu minha ideia de fóruns, em que as pessoas contem seu sofrimento e, dessa forma, com o tempo, assim espero eu, tornem visível o que uma criancinha tem que suportar sem o auxílio da sociedade. Graças a esses relatos, torna-se possível compreender como surge o ódio, que pode levar tão longe, e que crianças originalmente inocentes sejam capazes, quando adultos, por exemplo, de converter em fatos o delírio de um demente, organizando, afirmando, executando, defendendo e esquecendo um holocausto gigante.

Mas a questão de quais marcas da infância, abusos e humilhações contribuíram para que crianças totalmente normais tenham se tornado monstros sempre foi negligenciada pela sociedade. Tanto os monstros quanto as pessoas que dirigiram contra si mesmas os sentimentos de ira e cólera e ficaram doentes defendem seus pais, que um dia os castigaram severamente, contra toda crítica. Eles não sabem o que os maus-tratos fizeram com eles, não sabem, nem querem saber, como sofreram com eles. Chamam tudo isso de atos bons praticados para o seu bem.

Mesmo nos manuais de autoterapia e na vasta literatura sobre acompanhamento terapêutico é raro encontrar uma tomada de posição clara pela criança. O leitor é aconselhado a deixar o papel de vítima, a não acusar ninguém por sua vida perturbada, a se tornar fiel a si mesmo, para obter a liberdade em relação ao passado, mantendo, ao mesmo tempo, boas relações com os pais. Identifico, nesses manuais, as contradições da Pedagogia Negra e da moral tradicional. Vejo, também, o perigo de abandonar uma criança atormentada em seu desespero e em sua sobrecarga moral, de modo que, sob certas circunstâncias, ela nunca consegue se tornar um adulto.

Pois se tornar adulto significaria já não negar a verdade, sentir em si o sofrimento recalcado, tomar conhecimento também mentalmente da história que o corpo emocionalmente conhece, integrá-la e já não precisar recalcá-la. Se o contato com os pais pode ser mantido ou não dependerá das circunstâncias existentes. Mas o que deve acontecer fica a cargo do vínculo doentio com os pais da infância, agora *interiorizados*, que é chamado de amor, mas não é amor. Ele se compõe de diversos elementos, como gratidão, compaixão, expectativas, recusa, ilusões, obediência, medo e temor do castigo.

Durante muito tempo, lidei com a questão de que algumas pessoas podem dizer que sua terapia teve êxito, enquanto outras, apesar de décadas de análises ou de terapias, permanecem aterradas em seus sintomas, sem conseguir se livrar deles. Em todo caso que transcorreu de modo positivo, constatei que as pessoas conseguiam se desatrelar do vínculo destrutivo da criança maltratada quando recebiam um acompanhamento que lhes possibilitava encontrar sua história e articular a indignação quanto ao comportamento dos pais. Como adultos, conseguiam configurar sua vida de forma mais livre e não precisavam odiar seus pais. Mas não aquelas pessoas que, em suas terapias, eram estimuladas a perdoar e acreditavam que o perdão poderia realmente levar a um sucesso terapêutico. Essas pessoas permaneceram presas na posição da criancinha que pensa amar seus pais, mas, no fundo, continua se deixando controlar e destruir (na forma de doenças) a vida toda pelos pais interiorizados. Uma dependência assim *favorece o ódio*, que, embora recalcado, continua ativo, levando a agressões contra pessoas inocentes. Somente odiamos quando nos sentimos impotentes.

Recebi centenas de cartas que comprovam minha afirmação. Assim, por exemplo, Paula, uma moça de 16 anos, que sofre de alergias, escreve que, quando criança, seu tio a molestava sexualmente a cada visita e tocava seus seios de maneira afrontosa na presença de outros familiares. Ao mesmo tempo, esse tio era o único que dava atenção e se dedicava à criança durante suas visitas. Ninguém a protegeu, e, quando ela reclamava, os pais diziam que ela não deveria permitir que ele fizesse aquilo. Eles não a protegiam, mas lhe transmitiam a responsabilidade. Agora, o tio estava com câncer, e Paula não queria visitá-lo porque tinha raiva daquele senhor. Mas sua terapeuta pensava que, mais tarde, ela se arrependeria de sua recusa e que não precisava aborrecer a família agora, que isso de nada lhe serviria. Então, Paula foi visitar o tio e reprimiu seus verdadeiros sentimentos de indignação. Logo depois da morte do tio, surgiu algo totalmente diferente a partir da lembrança desses molestamentos. Ela passou a sentir até mesmo amor pelo falecido tio. A terapeuta ficou contente com Paula, que, por sua vez, também ficou feliz consigo mesma; o amor a tinha curado, por assim dizer, de seu ódio e de suas alergias. Mas, de repente, ela descobriu uma asma grave, sofria de ortopneia e não conseguia entender essa enfermidade, porque se sentia limpa, tinha conseguido perdoar o tio e não lhe guardava rancor. Por que, então, essa punição? Ela considerava a irrupção da doença uma punição por seus antigos sentimentos de ira e indignação. Então, leu um livro meu, e a enfermidade foi a ocasião para me escrever. A asma desapareceu desde que conseguiu parar de "amar" o tio. Esse é um exemplo de obediência em vez de amor.

Uma outra mulher ficou surpresa porque, depois de alguns anos de psicanálise, ela sentia uma dor nas pernas para a qual os médicos não conseguiam encontrar uma origem, de modo que ela sempre pensava em razões de ordem psíquica. Na análise, ela trabalhava havia anos no que se dizia ser sua fantasia, a de que tinha sofrido abuso sexual por parte do pai. Ela realmente queria acreditar no analista, quando ele dizia que se tratava apenas de conjecturas e não de lembranças de processos reais. Mas todas essas especulações não a ajudavam a compreender por que tinha aquelas dores nas pernas. Para sua grande surpresa, quando ela, finalmente, interrompeu o tratamento, suas dores desapareceram. Elas eram um sinal para ela de que se encontrava em um mundo do qual não conseguia dar um passo para sair. Ela queria fugir do analista e de suas interpretações enganosas e não o ousava fazer. Assim, durante um tempo, as dores nas pernas conseguiram bloquear a necessidade de fugir, até que ela resolveu interromper a análise e já não esperar ajuda dela.

O vínculo com as figuras paternas que tento descrever aqui é o vínculo com os pais que maltratam e que nos impede de ajudar a nós mesmos. Mais tarde, transmitimos as necessidades um dia não satisfeitas da criança a terapeutas, companheiros e aos nossos próprios filhos. Não conseguimos acreditar que, de fato, elas foram ignoradas ou torpedeadas pelos pais, de modo que precisamos recalcá-las. Esperamos que, agora, as outras pessoas com as quais nos relacionamos, finalmente, satisfaçam nossos desejos, nos entendam, apoiem, respeitem, e que as decisões difíceis da vida sejam-nos retiradas. Como essas expectativas alimentam-se da recusa da realidade da infância, não conseguimos renunciar a elas. Mas elas desaparecem com o tempo, quando temos vontade de nos apresentar nossa verdade. Isso não é fácil, na maioria das vezes está associado com dores, mas é possível.

Nos fóruns, é comum observarmos que algumas pessoas ficam aborrecidas quando alguém do grupo reage com indignação aos atos de seus pais, embora não os tenha conhecido, mas sua indignação refere-se ao que ouviu da pessoa em questão. Existe, no entanto, uma diferença entre se queixar dos atos dos pais e levar realmente a sério os fatos. Isso desperta o medo da criancinha quanto ao castigo, por isso muitos preferem deixar suas percepções mais antigas recalcadas, não enxergar a verdade, atenuar os fatos e se conformar com a ideia do perdão. Assim, continuam presas na expectativa infantil.

Comecei minha primeira análise em 1958, e, olhando para trás, tenho o sentimento de que minha analista era fortemente impregnada pela moral. Não consegui perceber isso porque eu mesma cresci com iguais representações de valores. Então, eu não tinha possibilidade de reconhecer ali que havia sido uma criança maltratada. Para descobrir isso, precisava de uma testemunha que tivesse percorrido esse caminho e já não compartilhasse da recusa do mau trato infantil de nossa sociedade. Ainda hoje, mais de quatro décadas depois, essa postura não é natural. Relatos de terapeutas, que afirmam ter ficado do lado da criança, acabam por cair, na maioria dos casos, em uma postura educadora que, naturalmente, permanece-lhes inconsciente porque nunca refletem sobre ela. Embora alguns de meus livros citem, e os pacientes incitem a isso, serem justos para consigo e não se curvarem às exigências de outras pessoas, como leitora, sinto que eles não param de dar conselhos que, na realidade, não podemos seguir. Pois aquilo que descrevo como sendo o resultado de uma história é representado por eles como um mau hábito, que nós mesmos deveríamos corrigir: "Deveríamos aprender a nos respeitar, deveríamos conseguir apreciar nossas qualidades, deveríamos isso e aquilo." Existe uma série de informações que pretendem ajudar a pessoa a recuperar sua dignidade, mas sem conseguir suprimir seus bloqueios. Mas penso que uma pessoa que não consegue se valorizar, que não consegue se respeitar, que não pode assumir sua criatividade não faz isso voluntariamente. Seus bloqueios são o resultado de uma história que ela precisa conhecer, de forma tão exata quanto possível, conhecer emocionalmente, para entender como se tornou aquilo que é. Quando tiver entendido isso, porque pôde sentir, já não precisará de conselhos. Somente de uma Testemunha Esclarecida que possa lhe acompanhar no caminho para a sua verdade, no qual poderá gozar daquilo que sempre desejou, mas ao que teve que renunciar: confiança, respeito e amor a si mesmo. Ela precisa dizer adeus à expectativa de que os pais, um dia, lhe darão, sim, aquilo de que lhe privaram na infância.

Por isso, poucas pessoas conseguiram trilhar esse caminho até agora; e, assim sendo, muitas se contentam com os conselhos de seus terapeutas ou se deixam impedir por ideias religiosas de descobrir sua verdade. Acima, citei o medo como sendo o fator decisivo. Contudo, penso que esse medo será minorado quando os fatos relacionados com os maus-tratos infantis deixarem de ser tabuizados na sociedade. Até agora, as vítimas de maus-tratos recusaram a verdade justamente por causa do medo da primeira infância, contribuindo assim para que ela fosse totalmente encoberta. Mas, quando as vítimas de então começarem a contar o que lhes aconteceu, os terapeutas também serão obrigados a perceber a verdade. Há pouco tempo, ouvi que, na Alemanha, um psicanalista afirmava publicamente ver poucas vítimas de antigos maus-tratos infantis em seu consultório. Essa declaração é surpreendente, pois não conheço ninguém que sofra de sintomas psíquicos e queira se tratar sem que tenha apanhado na infância. Chamo isso de mau trato, ainda que esse tipo de humilhação tenha sido, e continue sendo, designado há séculos como medida educativa. Talvez seja apenas uma questão de definição, mas, nesse caso, ela me parece decisiva.

II.2 No carrossel dos sentimentos

Há algum tempo, passei por um carrossel e parei um pouco por ali, para gozar um pouco também da alegria dos pequenos. De fato, o que se refletia nos rostos daquelas crianças, que tinham aproximadamente 2 anos, era principalmente o sentimento de alegria. Mas não só de alegria. Em algumas, era também o medo de sentir claramente como era se movimentar desacompanhadas naquela velocidade e estar no comando. Um pouco de medo, mas também de orgulho de ser agora o adulto e poder guiar. Curiosidade também em saber o que iria acontecer, a inquietação por não saber onde estavam os pais naquele momento. Era possível observar justamente como todos esses sentimentos variavam e conseguiam se expressar na embriaguez do movimento inesperado. Depois que fui embora, tive que me perguntar o que acontece em uma criança pequena, de 1 a 2 anos, quando seu corpo sofre abuso para satisfazer a necessidade sexual do adulto. Por que pensei isso? Talvez porque a alegria que as crianças mostravam ali revelasse a mim uma tensão, uma desconfiança. Pensei: essas voltas rápidas em círculo podiam ser sentidas por seus corpos como algo estranho, inusitado e amedrontador. Assim, quando elas desceram, seus rostos pareciam agitados, confusos. Todas as crianças se agarraram firmemente aos seus pais. Talvez – assim tive que pensar – esse tipo de sensação de prazer não corresponda à alma da criança pequena, não esteja programado pela natureza. É um dispositivo artificial com o qual as pessoas ganham dinheiro hoje. E, assim, voltei ao meu tema: como se sente uma mocinha que sofre abuso sexual quando, por exemplo, quase não é tocada pela mãe, porque esta a rejeita, e, devido a sua própria infância, esconde de si mesma todos os sentimentos calorosos? Nesse caso, a menina está tão sedenta de contatos que aceita com gratidão praticamente qualquer contato corporal como satisfação de um desejo premente. Mas a criança vai sentir, de alguma forma, de modo indistinto, quando seu ser, sua ânsia por comunicação verdadeira, por toques carinhosos forem, no fundo, apenas explorados pelo pai, quando seu corpo for usado unicamente para o fim da masturbação ou da afirmação do próprio poder do adulto.

Pode acontecer que essa criança reprima profundamente os sentimentos de frustração, de tristeza e de cólera quanto à traição de seu verdadeiro ser, quanto à promessa não cumprida, e se agarre ao pai, por não poder renunciar à esperança de que ele um dia cumprirá a promessa dos primeiros contatos, de que devolverá a ela sua dignidade, mostrando-lhe o que é amor. Pois, afora ele, não existe ninguém em toda a sua volta que realmente tenha prometido amor à menina. Mas essa esperança pode ser destrutiva.

É que pode acontecer que essa menina, quando mulher adulta, sofra de compulsão à automutilação e tenha de buscar terapias, que ela só consiga ter algum tipo de prazer quando sentir dor. Só assim ela conseguirá sentir algo, porque o abuso por parte do pai fez com que ela quase matasse os próprios sentimentos, já não dispondo deles. Ou pode ser que essa mulher venha a ter um eczema genital, como o que descreve a autora Kristina

Meyer em seu livro *Das doppelte Geheimnis* [O duplo segredo]. Ela chegou para se tratar com uma série de sintomas, os quais indicavam claramente que havia sofrido abuso sexual por parte do pai quando criança. Sua analista não desconfiou disso imediatamente, mas acompanhou Kristina com toda boa-fé, até que ela mesma conseguisse livrar sua história dos abusos cruéis e brutais por parte do pai de seu completo recalque. Esse processo durou seis anos, em um *setting* analítico rigoroso, acompanhado, mais tarde, por terapia de grupo e outras medidas de terapia corporal.

É de supor que esse processo poderia ter sido abreviado se, desde o início, a analista tivesse conseguido enxergar no eczema genital uma indicação clara de uma exploração anterior do corpo infantil. Há dezesseis anos, evidentemente, isso não lhe foi possível. Questionada quanto a sua postura, ela disse que Kristina não teria podido suportar esse conhecimento se tivesse sido confrontada com ele antes que uma boa relação analítica tivesse sido estabelecida.

Talvez eu compartilhasse dessa opinião antigamente, mas, com base em minhas experiências posteriores, tendo a supor que nunca pode ser cedo demais para dizer à criança um dia maltratada o que identificamos claramente, oferecendo-lhe nossa parcialidade. Com ânimo incessante, Kristina Meyer debateu-se com sua verdade e merecia, desde o início, ser vista e acompanhada em sua escuridão. Ela nunca deixou de sonhar que sua analista, apenas uma vez, a tomaria nos braços e a consolaria, mas esta permaneceu fiel a sua escola e nunca satisfez o desejo inofensivo de Kristina. Fazendo isso, ela teria conseguido transmitir a Kristina, no máximo, que existem abraços amorosos, os quais respeitam os limites do outro e, ao mesmo tempo, conseguem mostrar que ela não está sozinha no mundo. Essa recusa obstinada da analista, que, ademais, deixa-se afetar pela tragédia da paciente, pode parecer estranha hoje, nos tempos de todas as terapias corporais possíveis, mas é totalmente compreensível do ponto de vista psicanalítico.

Volto ao meu ponto de partida deste capítulo e à imagem das criancinhas que giravam no carrossel e cujos rostos, a meu ver, expressavam, além da alegria, também medo e inquietação. De fato, a comparação com a situação do incesto não reivindica validade geral, tendo sido mais uma ideia repentina com a qual me ocupei. Mas a realidade das emoções contraditórias, às quais muitas vezes estamos expostos quando crianças e quando adultos, deve ser mesmo levada a sério. Quando, na infância, lidamos com adultos que nunca tentaram esclarecer seus sentimentos, somos confrontados, frequentemente, com um caos que nos deixa extremamente inseguros. Para escapar a esses sentimentos de confusão e insegurança, recorremos ao mecanismo da clivagem e do recalque. Não sentimos medo, amamos nossos pais, confiamos neles e tentamos sempre satisfazer seus desejos, de modo que eles fiquem satisfeitos conosco. É somente mais tarde, na idade adulta, que esse medo anuncia-se, de costume, em relação aos companheiros, e não os compreendemos. Nessa idade, como era na infância, também queremos aceitar em silêncio as contradições do outro para sermos amados, mas o corpo anuncia suas reivindicações quanto à verdade e produz sintomas sempre que não queremos admitir o medo, a cólera, a indignação e o pavor da criança vítima de abuso sexual.

Porém, mesmo com a melhor das vontades, não conseguimos identificar a situação se deixamos de entrar no presente. É somente pela dissolução da dependência atual que conseguimos reparar os danos, ou seja, enxergar nitidamente as consequências da antiga dependência e acabar com elas. Um exemplo disso: Andreas, um homem de meia-idade, sofre há vários anos de obesidade e suspeita que esse sintoma que o atormenta tenha a ver com sua relação com o pai autoritário e cruel, mas não consegue resolver isso. Faz de tudo para reduzir o peso, obedece a todas as prescrições dos médicos, consegue também sentir sua cólera em relação ao pai de sua infância, mas nada disso ajuda. Andreas sofre ocasionalmente de acessos de fúria, insulta seus filhos, embora não o queira fazer, grita com sua companheira, embora tampouco o queira fazer. Acalma-se com a ajuda do álcool, mas não se considera um alcoólatra. Ele gostaria de ser gentil com sua família, e o vinho o auxilia a domar sua cólera violenta e também a experimentar sentimentos agradáveis.

Na conversa, Andreas conta, *en passant*, que não consegue fazer com que seus pais percam o hábito de surpreendê-lo com visitas sem antes informá-lo por telefone de suas intenções. Pergunto se ele expressou seus desejos, e ele responde energicamente que sempre os repete, mas é totalmente ignorado. Os pais pensam ter o direito de passar por lá porque, afinal, a casa é deles. Fico surpresa e pergunto por que eles dizem isso. Fico sabendo, então, que, de fato, Andreas é locatário de uma casa que pertence a seus pais. Pergunto se não existe nenhuma outra casa no mundo inteiro que ele pudesse alugar pelo mesmo preço, ou por um preço um pouco mais alto, para não ficar dependente dos pais, para evitar que eles o surpreendam a qualquer hora e possam ocupar seu tempo. Ele, então, arregala os olhos e diz que, até agora, não havia se feito essa pergunta.

Isso pode parecer surpreendente, mas não é, quando se sabe que esse homem ainda está preso à situação infantil, em que tinha que se submeter à autoridade, à vontade e ao poder dos pais monopolizadores, sem conseguir enxergar uma saída, por puro medo de que eles o rechaçassem. Esse medo o acompanha ainda hoje. Ele continua comendo em demasia, mesmo quando se esforça para seguir as dietas. Pois sua necessidade de se alimentar com o "alimento" correto, ou seja, de não ser dependente dos pais, de cuidar ele mesmo de seu bem-estar, é tão forte que somente pode ser satisfeita de uma forma adequada e não com comida em demasia. A comida nunca conseguirá satisfazer essa necessidade de liberdade, e a liberdade de comer e beber o quanto se quer não é capaz de saciar a fome de autodeterminação, de substituir a verdadeira liberdade.

Antes de se despedir, o homem disse com firmeza que, naquele mesmo dia, colocaria um anúncio no jornal procurando um apartamento e que tinha certeza de que logo conseguiria um. Alguns dias depois, Andreas comunicou-me que havia encontrado uma casa que lhe agradava mais do que a casa de seus pais e pela qual também pagaria um aluguel menor. Por que demorou tanto tempo para que essa solução lhe ocorresse? Andreas, na casa de seus pais, esperava finalmente receber de sua mãe e de seu pai aquilo por que tanto ansiou quando criança. O que eles lhe negaram quando era criança, também não lhe podiam dar quando adulto. Seus pais continuavam a tratá-lo como sua propriedade, não escutavam quando ele expressava seus desejos, consideravam natural que ele fizesse reformas na casa e investisse dinheiro nisso, sem receber nada em troca, porque eles eram seus pais e pensavam ter esse direito. Andreas também acreditava nisso. Seus olhos somente se abriram quando conversou com uma Testemunha Esclarecida, que foi como eu me coloquei à disposição. Só então ele percebeu que estava se deixando explorar como na infância e, ainda por cima, pensava que tinha que ser grato por isso. A partir daí, tornou-se possível para ele renunciar à ilusão de que seus pais um dia mudariam. Alguns meses depois, ele me escreveu:

"Meus pais tentaram me incutir sentimentos de culpa quando deixei a casa. Não queriam me deixar ir. Quando perceberam que não podiam me obrigar a fazer mais nada, ofereceram-me uma redução do aluguel e a devolução de uma parte de meus investimentos. Então percebi que não fora eu quem tirara benefício desse contrato, mas eles. Não aceitei nenhuma dessas propostas. Mas o processo todo não foi indolor. Eu precisava ver claramente a verdade. E isso doía. Sentia a dor da criancinha que eu tinha sido, que nunca foi amada, que nunca foi ouvida, que nunca recebeu atenção, que se deixava explorar, sempre esperando e confiando que um dia isso seria diferente. E, agora, acontecia o milagre: eu emagrecia mais, quanto mais eu sentia. Já não precisava do álcool para ocultar meus sentimentos, minhas ideias tornaram-se claras, e, nas vezes em que a cólera vinha, sabia contra quem ela se dirigia: não era contra meus filhos, não era contra minha mulher, mas contra minha mãe e meu pai, os quais eu, agora, podia privar do meu amor. Percebi que esse amor não era senão minha ânsia de ser amado, a qual nunca havia sido satisfeita. Tive que renunciar a essa ânsia. De repente, já não precisava comer tanto quanto antigamente, ficava menos cansado, minhas energias estavam novamente a minha disposição, e isso aparecia também no meu trabalho. Com o tempo, a raiva que tinha de meus pais também diminuiu, porque agora eu estava fazendo por mim o que precisava e já não esperava que eles o fizessem. Já não me obrigo a amá-los (para que também?), já não tenho medo de ter sentimentos de culpa depois da morte deles, como minha irmã profetiza para mim. Suponho que a morte deles vá trazer um alívio, porque assim termina a obrigação da hipocrisia. Mas, mesmo agora, estou procurando escapar a essa obrigação.

Meus pais me fazem saber por minha irmã que sofrem com minhas cartas objetivas porque essas cartas já não têm a antiga cordialidade. Eles gostariam que eu fosse como era antes. Mas já não consigo ser assim, tampouco quero. Já não quero representar o papel na peça deles, que por eles me fora imposto. Depois de muito buscar, encontrei um terapeuta que me dá uma boa impressão e com o qual eu gostaria de falar, como falei com a senhora, abertamente, sem poupar meus pais, sem enfeitar a verdade, nem mesmo minha própria verdade. E, sobretudo, estou feliz de poder ter tomado a resolução de deixar aquela casa que, por tanto tempo, me manteve vinculado a esperanças que eles jamais podem concretizar."

Uma vez, introduzi uma discussão sobre o quarto mandamento, perguntando qual era a real composição do amor pelos pais que, um dia, maltrataram. As respostas vieram muito rapidamente, sem longa reflexão. Diferentes sentimentos foram mencionados: a compaixão por pessoas que, muitas vezes, estavam velhas e doentes; a gratidão pela vida recebida e pelos dias bons, em que não se apanhava; o medo de ser uma pessoa má; a convicção de que os atos dos pais devem ser perdoados, senão não se consegue amadurecer. No final, houve uma discussão acalorada, em que essas posições foram questionadas por outras. Uma participante chamada Ruth disse, com uma determinação inesperada:

> "Posso provar com minha vida que o quarto mandamento não está correto, pois, desde que me livrei das exigências de meus pais e parei de satisfazer suas expectativas expressas e tácitas, sinto-me mais saudável do que nunca. Deixei de ter os sintomas de minha doença, já não reajo de forma exasperada com meus filhos e penso, hoje, que tudo isso acontecia porque eu queria obedecer a um mandamento que não fazia bem ao meu corpo."

Quando perguntada por que, afinal, esse mandamento tinha tal poder sobre nós, Ruth respondeu que era porque ele sustentava o medo e o sentimento de culpa, que nossos pais muito cedo programaram em nós. Ela mesma tinha sofrido de medos muito intensos antes de tomar consciência de que não amava os pais em absoluto, mas sim queria amá-los, fingindo para si e para eles o sentimento do amor. Depois que ela aceitou sua verdade, seus medos tiveram fim.

Penso que isso aconteceria com muitas pessoas se pudéssemos dizer a elas: "Você não precisa amar e honrar seus pais, porque eles o prejudicaram. Você não precisa se obrigar a ter sentimentos, porque a obrigação nunca gerou nada de bom. No seu caso, ela pode ter efeitos destrutivos, com seu corpo pagando por isso."

Essa discussão confirmava meu sentimento de que, algumas vezes, obedecemos por toda a vida a um fantasma que nos obriga, em nome da educação, da moral ou da religião, a ignorar nossas necessidades naturais, a recalcá-las, a lutar contra elas, para finalmente pagar com doenças, cujo sentido não conseguimos nem queremos entender, e que tentamos resolver com medicamentos. Quando se consegue, ainda assim, em algumas terapias, manter o acesso ao verdadeiro "Eu" por meio do despertar das emoções recalcadas, alguns terapeutas falam, inspirando-se nos grupos dos alcoólatras anônimos, do Poder Superior, minando, assim, a confiança que foi dada ao indivíduo desde seu nascimento, a confiança em sua capacidade de sentir o que lhe faz e o que não lhe faz bem.

Meu pai e minha mãe fizeram-me perder essa confiança desde meu nascimento. Tive que aprender a ver e a julgar com os olhos de minha mãe e a assassinar, por assim dizer, meus sentimentos e necessidades. Assim, com o tempo, perdi muito da capacidade de sentir minhas necessidades e de buscar sua satisfação. Precisei, por exemplo, de quarenta e oito anos da minha vida para descobrir minha necessidade de querer pintar e para me permitir fazê-lo. Mas, por fim, isso se impôs. Levou mais tempo ainda até que me concedesse o direito de não amar meus pais. Com o tempo, percebi de forma cada vez mais clara como meu esforço por amar alguém que tinha prejudicado minha vida comprometia-me profundamente. Porque ele me desviava de minha verdade, obrigava-me a me autoenganar, a representar um papel que me foi tão cedo imposto, o papel da boa moça, que tinha que se submeter às exigências emocionais, camufladas de educação e de moral. Quanto mais fiel a mim me tornava, quanto mais admitia meus sentimentos, mais claramente meu corpo me falava e me conduzia sempre a decisões que o ajudavam a expressar suas necessidades naturais. Consegui parar de jogar o jogo dos outros, de colocar em evidência para mim mesma o lado bom de meus pais e, com isso, confundir a mim mesma de novo, como fazia quando era criança. Pude tomar a decisão de me tornar adulta, e a confusão desapareceu.

Não devo gratidão aos meus pais pela minha existência porque eles não a queriam de forma alguma. O casamento lhes foi imposto pelos pais de ambos. Fui educada sem amor por duas crianças bem-comportadas, que deviam obediência a seus pais e trouxeram ao mundo um bebê que não queriam de forma alguma e, se queriam, era na qualidade de um menino para os avós. Mas receberam uma filha que, durante décadas, tentou mobilizar todas as suas capacidades para finalmente os fazer felizes. Na realidade, um empreendimento sem esperanças. Mas, como uma criança que queria sobreviver, eu não tinha outra escolha, a não ser me esforçar. Desde o início, recebi o encargo implícito de dar aos meus pais o reconhecimento, a atenção e o amor de que seus pais tinham-lhes privado. Todavia, para seguir tentando isso, tive que abrir mão de minha verdade, da verdade de meus sentimentos. Apesar desses esforços e empenho, fui acompanhada, durante muito tempo, pelos mais profundos sentimentos de culpa, pois minha missão não podia ser cumprida. Além disso, fiquei devendo algo também a mim: minha verdade. (Comecei a suspeitar disso quando escrevi *O drama da criança bem-dotada*, no qual tantos leitores identificaram seu próprio destino.) Não obstante, mulher adulta, eu ainda tentava cumprir o dever de meus pais com meus companheiros, com meus amigos, com meus filhos, pois o sentimento de culpa quase me matava quando tentava escapar das exigências de salvar outras pessoas de sua confusão e de ajudá-las. Somente muito tarde consegui isso em minha vida.

Perder a gratidão e os sentimentos de culpa era uma etapa muito importante no caminho para a dissolução de minha dependência dos pais interiorizados. Mas eu tinha outras etapas a percorrer: sobretudo a de renunciar às expectativas, à esperança de que aquilo de que eu sentira falta em meus pais – a troca aberta de sentimentos, a comunicação livre – seria, sim, possível um dia. Isso se realizou com outras pessoas, mas apenas depois que apreendi toda a verdade sobre minha infância e compreendi o quanto era impossível, para mim, comunicar-me livremente com meus pais e o quanto sofri com isso quando era criança. Só então encontrei pessoas que podiam me entender e com as quais eu podia me expressar de forma aberta e livre. Meus pais já morreram há muito tempo, mas posso imaginar que, para as pessoas cujos pais ainda estão vivos, esse caminho é nitidamente difícil. As expectativas originárias da infância podem ser tão fortes que o indivíduo abre mão de tudo o que lhe faz bem para, finalmente, ser como seus pais desejariam que ele fosse, e assim não perder a ilusão do amor.

Karl, por exemplo, ilustrou sua confusão da seguinte maneira:

> "Amo minha mãe, mas ela não acredita em mim, porque me confunde com meu pai, que a martirizava. Mas eu não sou como meu pai. Ela me enfurece, mas não quero lhe mostrar raiva, pois aí ela teria a prova de que sou como meu pai. Mas isso não é verdade. Então, tenho que refrear minha raiva para não lhe dar razão; então, não sinto amor

por ela, mas ódio. Não quero ter esse ódio, quero ser visto e amado por ela como sou, e não ser odiado como meu pai. Mas como fazer isso corretamente?"

A resposta é que nunca há como fazer isso corretamente quando nos orientamos pelo outro. Só podemos ser aquilo que somos, e também não podemos obrigar os pais a nos amar. Existem pais que só conseguem amar a máscara de seus filhos e, assim que ela é removida, dizem quase sempre o que mencionei acima: "Só queria que você continuasse sendo como era antes."

A ilusão de ainda "merecer" o amor dos pais somente pode ser mantida quando se recusa o que aconteceu. Ela desmorona quando resolvemos olhar a verdade com todas as suas ramificações e parar com o autoengano, cultivado com a ajuda do álcool, das drogas, dos medicamentos. Anna, 35 anos, mãe de duas crianças, pergunta-me: "O que posso responder a minha mãe quando ela me repete: 'Eu só queria que você me mostrasse seu amor. Antes você fazia isso, mas agora está tão diferente.'? Gostaria de lhe responder: 'Sim, porque agora sinto que não era honesta com você. Gostaria de lidar com você de forma sincera.'" "E por que não se pode dizer isso?", perguntei. "É certo", respondeu Anna, "que tenho o direito de assumir minha verdade. E, no fundo, ela também tem o direito de ouvir de mim que o que ela sente é verdade. Na realidade, acho isso muito simples, mas a compaixão impediu-me de ser aberta com minha mãe. Ela me dava pena. Nunca foi amada quando criança, foi entregue para adoção logo após seu nascimento e agarrava-se ao meu amor, do qual eu não a queria privar." "Você é filha única?", quis saber. "Não, ela tem cinco filhos, e todos a ajudam como podem. Mas, aparentemente, isso não preenche o buraco que ela carrega em si desde a infância." "Então, você acha que pode preencher o buraco com uma mentira?" "Não, isso também não. É bem verdade: por que quero lhe dar por compaixão um amor que não tenho? Por que quero enganá-la? Quem ganha com isso? Sempre sofri de doenças, que já não tenho desde que admiti para mim que, na realidade, nunca amei minha mãe, porque me sentia monopolizada e emocionalmente chantageada por ela. Mas dizer isso a ela me dava medo, e agora eu me pergunto o que queria oferecer a ela com essa compaixão. Nada, senão uma mentira. Tenho com meu corpo a dívida de não continuar fazendo isso."

Mas o que resta do amor quando olhamos cada um de seus elementos, como tentei fazer aqui? A gratidão, a compaixão, a ilusão, a recusa da verdade, os sentimentos de culpa, a dissimulação – todos esses são elementos de um vínculo que, frequentemente, nos faz ficar doentes. Esse vínculo doentio é entendido, no mundo inteiro, como amor. Sempre esbarro em medos e resistências quando formulo esses pensamentos. Mas, quando consigo explicar de forma mais precisa o que penso, essa resistência dissolve-se muito rapidamente, e muitos reagem com surpresa. Um de meus interlocutores disse, certa vez: "É verdade. Por que eu acho que mataria meus pais se lhes mostrasse o que realmente sinto? Tenho o direito de sentir o que sinto. Não se trata aqui de retaliação, mas de sinceridade. Por que esta é estimada na aula de religião apenas como um conceito abstrato, mas regularmente proibida na relação com os pais?"

Sim, como seria bom se pudéssemos falar sinceramente com nossos pais. O que eles fariam com isso não está em nosso poder, mas seria uma oportunidade para nós, para os nossos filhos e, sobretudo, para o nosso corpo, que nos conduziu à nossa verdade.

Sempre me surpreendo com essa capacidade do corpo. Ele luta contra as mentiras com uma resistência e uma sagacidade assombrosas. As exigências morais e religiosas não o conseguem enganar e confundir. A criancinha é alimentada com moral, aceita obedientemente esse alimento porque ama seus pais, mas sofre, na idade escolar, de incontáveis enfermidades. O adulto utiliza seu extraordinário intelecto para lutar contra a moral, torna-se quiçá filósofo ou poeta, mas seus verdadeiros sentimentos em relação a sua família, que, já nos tempos de escola, haviam sido velados pelas queixas, bloqueiam sua musculatura, como aconteceu, por exemplo, com Schiller ou Nietzsche. Por fim, ele é sacrificado pelos pais, pela religião e pela moral deles, embora como adulto discernisse de modo tão minucioso as mentiras da "sociedade". Mas reconhecer, enxergar a própria automentira, que o transformou em vítima da moral, foi mais difícil para ele do que escrever tratados filosóficos ou dramas corajosos. E são os processos internos do indivíduo, e não seus pensamentos desprendidos do corpo, que podem produzir uma transformação produtiva de nossa mentalidade.

Pessoas que, quando crianças, puderam experimentar amor e compreensão não terão problema com sua verdade. Elas puderam desenvolver suas capacidades, e seus filhos puderam se beneficiar disso. Não sei qual é a percentagem dessas pessoas. Só sei que os tapas não deixaram de ser preconizados como meio educativo, que os Estados Unidos, que se querem modelo de democracia e de progresso, continuam admitindo os tapas na escola em vinte e dois estados, que eles até mesmo defendem de forma cada vez mais veemente esse "direito" dos pais e dos educadores. É absurdo supor ser possível ensinar democracia a crianças por meio de violência. Concluo daí que não existem tantas pessoas no mundo que não experimentaram essa forma de educação. Quanto a todas essas pessoas, pode-se dizer que sua revolta contra a crueldade foi muito cedo reprimida e que elas só podiam crescer na hipocrisia interna. Isso pode ser observado o tempo todo. Se, em uma conversa, uma pessoa diz: "Não amo meus pais porque eles me humilharam constantemente", ela recebe inevitavelmente, de todos os lados, os conselhos de sempre: que deve mudar sua postura se quiser crescer, que não deve carregar ódio em si se quiser se curar, que só conseguirá se livrar do ódio se perdoar seus pais. Segundo esses conselhos, não existem pais ideais, todos os pais cometem erros de vez em quando, erros que devem ser tolerados, coisa que o adulto é capaz de aprender.

Os conselhos só parecem claros porque os conhecemos há muito tempo e, quiçá, até os consideramos razoáveis. Mas eles não o são. Muitos baseiam-se em falsos pressupostos, pois não é verdade que o perdão liberta do ódio. Ele somente ajuda a encobri-lo e, por conseguinte, a reforçá-lo (no inconsciente). Não é verdade que nossa tolerância aumenta com a idade. É bem o contrário: a criança tolera as absurdidades de seus pais porque as considera normais e não pode se defender. Somente o adulto vai sofrer com a ausência de liberdade e com a pressão, mas sentirá esse sofrimento nas relações com os substitutos, com os próprios filhos e com os companheiros. Seu medo infantil inconsciente em relação aos pais o impede de perceber a verdade. Não é fato que o ódio deixa-me doente; o ódio recalcado, clivado é que pode me deixar doente, mas não o sentimento conscientemente experimentado e expresso (*cf.* AM, 1998, último capítulo). Como adulto, sinto ódio apenas quando fico em uma situação em que não posso dar livre curso aos meus sentimentos. Nessa dependência, começo a odiar. Assim que a elimino (e, sendo adulto, consigo fazê-lo na maioria dos casos, a não ser que viva como prisioneiro em um regime totalitário), assim que me liberto da dependência escrava, deixo de sentir ódio (*cf.* cap. II.3). Mas, quando o ódio existe, não adianta proibir a si mesmo de senti-lo, como todas as religiões prescrevem. É preciso compreendê-lo para poder escolher o comportamento que liberta as pessoas da dependência geradora do ódio.

Naturalmente, pessoas que foram separadas de seus verdadeiros sentimentos desde pequenas são dependentes de instituições como a Igreja, deixando-se ditar até que ponto devem sentir a si próprias. Na maioria dos casos, isso parece não ser nada. Mas não consigo imaginar que sempre vai ser assim. Algum dia, em algum lugar, acontecerá uma rebelião, e o processo de embrutecimento recíproco vai ser estancado quando os indivíduos tiverem coragem de dizer, sentir e tornar conhecida sua verdade, apesar dos medos compreensíveis, comunicando-se com os outros sobre essa base.

Quando estamos dispostos a saber quanta energia as crianças devem consumir para sobreviver à crueldade e ao sadismo, muitas vezes, extremo, nós nos tornamos de súbito otimistas. Pois, então, torna-se mais fácil imaginar que nosso mundo poderia ser melhor se essas crianças (como Rimbaud, Schiller, Dostoiévski, Nietzsche) pudessem empregar suas energias praticamente ilimitadas em outras finalidades mais produtivas, e não apenas na luta pela própria existência.

II.3 O corpo como guardião da verdade

Elisabeth, uma mulher de 28 anos, escreve:

"Minha mãe me maltratou muito na minha infância. Quando algo não lhe convinha, ela me batia com os punhos na cabeça, batia minha cabeça contra a parede, me puxava pelos cabelos. Eu não tinha nenhuma possibilidade de evitar isso porque nunca pude entender as verdadeiras origens desses acessos para evitá-los uma próxima vez. Assim, fiz os maiores esforços para reconhecer em minha mãe as mais silenciosas variações de humor já no estágio inicial, na esperança de evitar seu acesso através da adaptação. Algumas vezes, eu conseguia, mas era raro. Quando, há alguns anos, estava sofrendo de depressão, procurei uma terapeuta e contei-lhe muita coisa sobre minha infância. Em um primeiro momento, tudo correu maravilhosamente bem. Ela parecia me escutar, e isso me aliviou enormemente. Então, às vezes, ela me dizia coisas que não me agradavam, mas eu conseguia, como sempre, ignorar meus sentimentos e me adequar a sua mentalidade. Ela parecia ser muito influenciada pelas filosofias orientais, o que não me incomodaria, desde que ela estivesse disposta a me escutar. Todavia, muito rapidamente a terapeuta quis deixar claro para mim que eu deveria fazer as pazes com minha mãe se não quisesse passar a vida toda carregando ódio comigo. Aí, eu perdi a paciência e interrompi a terapia. Antes, disse à terapeuta que estava mais bem informada quanto aos meus sentimentos pela minha mãe do que ela. Eu só precisava perguntar ao meu corpo, pois, em cada encontro com minha mãe, era alarmada por fortes sintomas sempre que reprimia meus sentimentos. Meu corpo parece ser incorruptível, e tenho a impressão de que ele conhece muito bem a minha verdade, melhor do que meu Eu consciente. Ele sabe tudo o que passei com minha mãe. Não permite que eu me curve diante de preceitos convencionais. Quando levo a sério e sigo suas mensagens, já não sofro de enxaquecas ou dores ciáticas, tampouco do isolamento. Encontrei pessoas às quais pude contar sobre minha infância, pessoas que me entendem, pois carregam em si lembranças semelhantes, e não quero mais procurar terapeutas. Seria bom encontrar alguém que me deixasse viver com tudo aquilo que gostaria de contar, que não quisesse me entupir de moral e, assim, pudesse me ajudar a integrar minhas dolorosas emoções. De qualquer forma, estou fazendo isso com a ajuda de alguns amigos. Estou mais próxima de meus sentimentos do que nunca. Posso expressá-los em dois grupos de conversa e experimentar uma nova forma de comunicação na qual me sinto bem. Desde que comecei a fazer isso, praticamente deixei de ter dores físicas e depressões."

A carta de Elisabeth parecia muito confiante, e não me espantei quando, um ano depois, recebi outra carta em que ela me comunicava:

"Não procurei mais nenhuma terapia e estou bem. Não vi minha mãe nenhuma vez este ano e tampouco sinto necessidade disso, pois minhas lembranças de sua brutalidade quando eu era criança estão tão vivas que elas me protegem de toda ilusão e também de expectativas de que ainda poderia receber dela aquilo de que tanto precisei na infância. Ainda que sinta falta disso de vez em quando, sei onde não o devo procurar de forma alguma. Contrariamente às profecias de minha terapeuta, não carrego ódio em mim. Não preciso odiar minha mãe porque já não sou emocionalmente dependente dela. Mas a terapeuta não entendeu isso. Ela queria me livrar do meu ódio e não enxergava que me empurrava involuntariamente para esse ódio, justamente a expressão da minha dependência, e que ela teria recriado. Se eu tivesse seguido seus conselhos, o ódio teria ressurgido. Hoje, já não preciso sofrer com a dissimulação e, por isso, não renasce mais nenhum ódio em mim. Era sempre o ódio da criança dependente, que eu teria que perpetuar com minha terapeuta se não a tivesse abandonado no momento certo."

Fiquei feliz com a solução que Elisabeth encontrou. Por outro lado, conheço pessoas que não possuem essa clarividência e essa força, e precisam incondicionalmente de terapeutas que as auxiliem no caminho em direção a si mesmas, sem fazer exigências morais. Por meio de relatos de terapias bem e malsucedidas, talvez a consciência dos terapeutas possa se ampliar, de modo que possam se desintoxicar do veneno da Pedagogia Negra e não o disseminem desconsideradamente em suas terapias.

Não é determinante que tenhamos ou não que cortar totalmente o contato com os pais. O processo de desligamento, o caminho que leva da criança ao adulto é percorrido no interior da pessoa. Algumas vezes, a interrupção de todo e qualquer contato é a única possibilidade que pode satisfazer as próprias necessidades. Mas, se o contato ainda parece conveniente, devemos primeiramente esclarecer em nós mesmos o que suportamos e o que não suportamos, saber não apenas o que aconteceu com a pessoa, mas também poder avaliar *o que essa pessoa sofreu com isso*, que consequências teve para ela. Cada destino é diferente, e as formas externas das relações podem variar *ad infinitum*. Mas existe uma regularidade impiedosa:

1. As feridas antigas somente podem cicatrizar quando aquele que um dia foi vítima decide mudar, quer dar-se ao respeito e, assim, renunciar, em grande medida, às expectativas da criança.
2. Os pais não mudam automaticamente com a compreensão e com o perdão da criança adulta. Somente eles podem mudar a si mesmos, quando querem.
3. Enquanto as dores oriundas das feridas forem negadas, a pessoa pagará o preço com a saúde – aquele que foi vítima um dia ou seus filhos.

Uma criança que, um dia, foi maltratada, que nunca pôde se tornar adulto, procura, a vida toda, ser justa com o "lado bom" de seus carrascos e a isso prende suas expectativas. Assim, durante muito tempo, Elisabeth assumiu a seguinte postura: "Algumas vezes, minha mãe lia em voz alta para mim, e isso era bom. Algumas vezes, ela confiava em mim e contava-me suas preocupações. Eu me sentia a escolhida/eleita. Nesses momentos, ela nunca me batia, então eu me sentia fora de perigo." Relatos assim lembram-me a descrição feita por Imre Kertész de sua chegada a Auschwitz. Para afastar o medo e conseguir sobreviver, ele enxergou um lado positivo em tudo. Mas Auschwitz continuou sendo inexoravelmente Auschwitz. Somente décadas depois Kertész pôde avaliar e sentir os efeitos que esse sistema extremamente humilhante tiveram sobre sua alma.

Não pretendo dizer, com a referência a Kertész e a sua experiência no campo de concentração, que não devemos perdoar nossos pais quando eles tomam consciência de suas falhas e se desculpam por elas. Isso pode muito bem acontecer quando eles ousam sentir e conseguem entender a dor que impingiram ao seu filho. Mas isso raramente acontece. Em compensação, é muito mais frequente uma continuação da dependência, muitas vezes com sinais invertidos, mais exatamente quando os pais velhos e debilitados procuram em seus filhos um apoio e empregam o eficiente meio da inculpação para provocar compaixão. É essa compaixão que, talvez, tenha impedido e continue impedindo o autodesenvolvimento da criança – seu amadurecimento. Essa criança sempre teve medo de suas próprias necessidades em relação à vida, quando seus pais não queriam essa vida.

A percepção recalcada, mas correta, armazenada no corpo de uma criança não desejada, qual seja, "Querem me matar, corro perigo de morte", pode se dissolver no adulto, quando este se torna consciente. Então, a emoção (o medo, o estresse) de um dia transforma-se em uma lembrança que diz: "Naquela época, eu *corria* perigo, porém, hoje, já não corro." Na maioria das vezes, a lembrança consciente precede ou acompanha a vivência das antigas emoções e dos sentimentos de tristeza.

Se, um dia, aprendemos a viver com os sentimentos e a não os combater, já não vemos as manifestações de nosso corpo como uma ameaça, mas como uma referência a nossa história.

II.4 Posso dizer isso?

Ainda consigo me lembrar bem dos medos que me acompanharam quando escrevi *Não perceberás*. Naquela época, inquietava-me o fato de a Igreja ter conseguido bloquear a descoberta de Galileu Galilei durante trezentos anos e de seu corpo ter reagido com a cegueira, quando ele foi obrigado a negar a verdade. Então, fui tomada por um sentimento de impotência. Eu sabia, com certeza, que tinha esbarrado em um costume, na utilização devastadora de uma criança para a necessidade de retaliação do adulto, na tabuização dessa realidade na sociedade: não podemos perceber.

Não teria eu que esperar, então, os castigos mais severos, caso estivesse resolvida a quebrar esse tabu? Mas meu medo também me ajudou a entender muita coisa, dentre outras, que Freud tivera que trair seus conhecimentos justamente por essa razão. Deveria eu agora seguir seus passos e negar o que conheci sobre a frequência e as consequências dos maus-tratos infantis, para não provocar os pilares da sociedade, para não ser agredida e repelida? Poderia eu ter enxergado algo que tantas pessoas que continuam admirando Freud de maneira ilimitada não enxergaram: seu autoengano? Posso me lembrar que, inevitavelmente, apareciam sintomas físicos sempre que eu queria negociar comigo mesma e pensava se não poderia entrar em um acordo, se não queria publicar apenas uma parte da verdade. Comecei a ter transtornos digestivos ou do sono e caía em indisposições depressivas. Quando soube que, para mim, já não era possível entrar em um acordo, esses sintomas desapareceram.

O que se seguiu à publicação foi, de fato, uma total rejeição ao livro e a minha pessoa por parte dos especialistas, entre os quais eu ainda me sentia "em casa". Na realidade, essa excomunhão continua existindo, mas, diferentemente do que aconteceu na minha infância, minha vida já não depende do reconhecimento "da família". O livro fez seu caminho, e, hoje, suas declarações, "proibidas" na época, são naturais, tanto para leigos quanto para especialistas.

Desde então, muitos aderiram a minha crítica ao procedimento de Freud, e as graves consequências dos maus-tratos infantis também são cada vez mais consideradas, ao menos teoricamente, pela maioria dos especialistas. Portanto, não fui assassinada e vivi a experiência de ver minha voz se impor. A partir disso, criei a confiança de que este livro também será entendido um dia. Mesmo que ele possa chocar em um primeiro momento, já que a maioria das pessoas espera pelo amor de seus pais e não quer ser privada dessa expectativa. Mas muitos entenderão este livro, desde que queiram entender a si mesmos. O efeito de choque esmorece assim que descobrem que não estão sozinhos com seu conhecimento e já não estarão expostos aos perigos de sua infância.

Judith, hoje com 40 anos, sofreu o tipo mais brutal de exploração sexual por parte de seu pai na infância. Sua mãe nunca a protegeu. Em uma terapia, ela conseguiu eliminar o recalque e fazer com que os sintomas fossem definitivamente curados, depois de ter se separado de seus pais. Todavia, o medo de ser castigada, que ela manteve clivado até iniciar a terapia e somente aprendeu a sentir graças a esta, continuou a existir por muito tempo. Sobretudo porque sua terapeuta acreditava que não era possível ser totalmente saudável se o contato com os pais fosse de todo rompido. Por essa razão, Judith tentava conversar com sua mãe. A cada vez, ela esbarrava na rejeição e na condenação total, "por não saber que existem coisas que nunca podem ser ditas aos pais". As críticas contrariam o mandamento "honrar pai e mãe" e, por conseguinte, são uma ofensa a Deus, diziam as cartas da mãe.

As reações da mãe ajudaram Judith a perceber os limites de sua terapeuta, que também estava atrelada a um esquema, o qual parecia lhe oferecer a certeza de saber o que se precisava, o que se devia ou se estava autorizado a fazer. Com a ajuda de outra terapeuta, Judith percebeu como seu corpo lhe era grato, desde que ela não se obrigasse mais a relações desse tipo. Na infância, ela não tivera essa escolha, vivia ao lado de uma mãe que tinha assistido indiferente aos seus sofrimentos e lidava com todas as manifestações de sua filha segundo seus padrões. Judith não conhecia senão a rejeição quando dizia algo próprio, algo verdadeiro, fora desses modelos. Todavia, para a criança, tal rejeição é recebida como se fosse a perda da mãe, assemelhando-se, portanto, a um perigo de morte. O medo desse perigo não pôde ser dissolvido na primeira terapia porque as exigências morais de sua terapeuta sempre realimentavam esse sentimento. Trata-se, aqui, de influências bastante sutis, que praticamente não percebemos, porque elas se encontram em plena harmonia com os valores transmitidos e com os quais crescemos. Era natural, e ainda hoje é assim, que todos os pais tivessem o direito de ser honrados, ainda que se comportassem de forma destrutiva em relação a seus filhos pequenos. Mas, a partir do momento em que decidimos abandonar essa estrutura de valores, achamos simplesmente grotesco ouvir dizer que uma mulher na idade adulta deve honrar os pais que foram capazes de maltratá-la de forma brutal ou assistir calados aos maus-tratos.

E, no entanto, essa absurdidade é considerada normal. É surpreendente que até mesmo terapeutas e autores universalmente apreciados não tenham conseguido se desvincular da ideia de que perdoar os pais seja a coroação de uma terapia bem-sucedida. Ainda que essa convicção seja defendida hoje com menos segurança do que era alguns anos atrás, as expectativas a ela associadas são imensas e contêm a mensagem: infeliz de você se não respeitar o quarto mandamento. De fato, os autores mencionados pensam, frequentemente, que não se deve ter pressa e perdoar no início da terapia, mas sim, antes, admitir as emoções intensas. Mas a maioria é unânime em afirmar que, um dia, é preciso atingir uma maturidade adequada. Esses especialistas consideram evidente que é bom e importante que se consiga finalmente, do fundo do coração, perdoar os pais. No meu entendimento, essa opinião é equivocada porque nosso corpo não é feito só do coração, e nosso cérebro não é um recipiente que, na aula de religião, enchemos com essas absurdidades e contradições, mas um ser vivo, com a memória plena daquilo que lhe aconteceu. Uma pessoa que consegue perceber isso em sua plenitude diria: Deus não pode exigir de mim que eu acredite em algo que, aos meus olhos, contém uma contradição e prejudica minha vida.

Podemos esperar dos terapeutas que eles se oponham ao sistema de valores de nossos pais para nos acompanhar até nossa verdade, quando isso for necessário? Estou convencida de que podemos e até mesmo precisamos fazê-lo quando iniciamos uma terapia, especialmente quando já estamos, nós mesmos, prontos para levar a sério a mensagem de nosso corpo. Assim, por exemplo, Dagmar, uma moça jovem, escreve:

> "Minha mãe sofre de uma doença cardíaca. Gostaria de ser legal com ela, falar com ela na cama, e, sempre que posso, tento fazer isso. Só que toda vez sou atingida por uma dor de cabeça insuportável, acordo à noite banhada em suor e, por fim, caio em minha indisposição depressiva, com pensamentos suicidas. Nos sonhos, me vejo criança, quando ela me arrastava pelo chão, e eu gritava, gritava, gritava. Como posso conciliar tudo isso? Preciso vê-la porque ela é minha mãe. Mas não quero me matar e não quero ficar doente. Preciso de alguém que me ajude e me diga como posso ficar tranquila. Não quero mentir para mim, tampouco para minha mãe, fazendo para ela o papel da boa filha. Mas também não quero ser insensível e deixá-la sozinha na doença."

Há alguns anos, Dagmar concluiu uma terapia na qual perdoou as crueldades da mãe. Mas, diante da grave enfermidade desta, ela é ultrapassada pelas antigas emoções da criancinha e não sabe o que fazer com elas. Ela preferiria tirar a própria vida a não conseguir corresponder às expectativas da mãe, da sociedade e da terapeuta. Dagmar gostaria tanto de acompanhar a mãe, agora, como filha amorosa e não consegue fazer isso sem enganar a si mesma. Seu corpo lhe diz isso claramente.

Com esse exemplo, não pretendo defender a ideia de não acompanhar os pais com amor antes da morte; cada pessoa deve decidir por si mesma o que lhe parece correto. Contudo, quando nosso corpo nos lembra tão claramente nossa história de maus-tratos um dia sofridos, não temos outra escolha senão levar a sério sua linguagem. Algumas vezes, pessoas estranhas podem acompanhar melhor uma mulher na luta contra a morte porque não sofreu com ela; não precisam se obrigar a mentir, não precisam pagar por isso com depressões e conseguem mostrar sua compaixão sem precisar dissimular. Em contrapartida, o filho ou a filha podem se esforçar em vão para ter bons sentimentos que, sob certas circunstâncias, teimam em não aparecer. Esses sentimentos não aparecem porque as crianças crescidas ainda atrelam totalmente suas expectativas aos pais e, ao menos no último momento, gostariam de experimentar, junto dos pais moribundos, essa aprovação que nunca experimentaram em sua vida, na sua presença. Dagmar escreve:

"Sempre que falo com minha mãe, sinto como se um veneno entrasse em meu corpo e formasse uma úlcera, mas não posso ver isso porque a visão me traz sentimentos de culpa. Então, a úlcera começa a supurar, e eu fico depressiva. Daí, tento novamente admitir meus sentimentos e penso que tenho o direito de senti-los, de enxergar a intensidade de meu aborrecimento. Quando faço isso, quando admito meus sentimentos, ainda que estes sejam raramente positivos, consigo novamente respirar. Começo a me permitir não fugir dos meus verdadeiros sentimentos. Quando consigo fazer isso, sinto-me melhor, mais animada, e a depressão desaparece.

E, mesmo assim, sempre torno a tentar, contra minha vontade, entender minha mãe, aceitá-la como ela é, perdoar-lhe tudo. Sempre pago por isso com depressões. Não sei se esse conhecimento basta para curar totalmente as feridas, mas levo muito a sério minhas experiências. Minha primeira terapeuta não era assim. Ela queria melhorar a relação com minha mãe a qualquer custo. Ela não conseguia aceitá-la como ela é agora. Eu também não. Mas como posso me respeitar sem levar a sério meus verdadeiros sentimentos? Nesse caso, não sei em absoluto quem sou e a quem respeito."

Esse desejo de ser diferente do que se é para facilitar a vida dos pais na velhice, e finalmente receber deles amor, é compreensível, mas, na grande maioria das vezes, está em contradição com a necessidade genuína e sustentada pelo corpo de ser fiel a si mesmo. Penso que o respeito por si próprio se desenvolve espontaneamente quando essa necessidade pode ser satisfeita.

II.5 Antes matar do que sentir a verdade

Até há pouco tempo, somente os especialistas lidavam com o fenômeno dos assassinos em série. A psiquiatria praticamente não tratava da infância de delinquentes e considerava os criminosos pessoas que tinham vindo ao mundo com instintos anormais. Parece que, nesse campo, algo vem mudando e anunciando uma maior compreensão. Um artigo do *Le Monde* de 8 de junho de 2003 tratou de maneira surpreendentemente minuciosa a infância do criminoso Patrice Alègre e, com base em pouquíssimos detalhes, fica claro por que esse homem estuprou e estrangulou várias mulheres. Para entender como se chegou a assassinatos tão cruéis, não são necessárias nem teorias psicológicas complicadas nem a suposição do mal congênito, mas unicamente uma vista de olhos na atmosfera familiar da criança em crescimento. Mas é raro conseguir fazer isso porque, na maioria das vezes, os pais do criminoso são poupados e absolvidos de sua cumplicidade.

Não é assim no artigo do *Le Monde*. Em poucos parágrafos, ele descreve uma infância que não deixa nenhuma dúvida sobre o porquê de sua carreira criminosa. Patrice Alègre era o filho mais velho de um casal muito jovem que não desejava filhos, de jeito nenhum. Na audiência, Patrice relatou que o pai, que era policial, só vinha à casa para bater nele e xingá-lo. Ele odiava esse pai e fugia para sua mãe, que, supostamente, o amava e a quem servia fielmente. Ela era prostituta e, a despeito das satisfações incestuosas com o corpo de seu filho conjecturadas pelo perito, precisava também do menino no papel de vigia na relação com sua clientela. O menino tinha que ficar à porta e avisar sempre que havia um perigo (presumidamente, a chegada do pai irado). Patrice relatou que ele nem sempre podia assistir ao que acontecia no quarto ao lado, mas não conseguia tapar os ouvidos e sofria de forma indizível com os constantes gemidos e suspiros de sua mãe, que ele, quando pequeno, já tinha observado, com um medo pavoroso, fazer sexo oral.

Pode ser que muitas crianças consigam sobreviver a tal destino sem que, mais tarde, se tornem criminosas. Na maioria das vezes, uma criança tem um potencial inesgotável: ela também pode se tornar famosa mais tarde, como Edgar Allan Poe, por exemplo, que, por fim, matou-se de tanto beber, ou como Guy de Maupassant, que "trabalhou" sua infância trágica, desorientadora em – segundo se diz – trezentas histórias, mas nunca conseguiu evitar se tornar psicótico, como acontecera antes com seu irmão, morrendo aos 42 anos, em uma clínica.

Patrice Alègre não estava destinado a encontrar uma única pessoa que o salvasse de seu inferno e lhe permitisse enxergar os crimes de seus pais como tais. Assim, considerou seu entorno como sendo o mundo em si e fez de tudo para nele se impor e escapar ao poder absoluto dos pais, por meio de furtos, drogas e atos violentos. Perante o tribunal, afirmou, presumivelmente em total fidelidade à verdade, que não sentia nenhuma necessidade sexual ao cometer os estupros, apenas a necessidade de onipotência. É de esperar que essas declarações possam informar à Justiça com o que ela está lidando. Pois, há aproximadamente trinta anos, um tribunal alemão decidiu mandar castrar Jürgen Bartsch, assassino de crianças, psiquicamente assassinado por sua mãe, na esperança de impedi-lo, do ponto de vista operacional, de descarregar em crianças suas pulsões sexuais, que, dizia-se, eram demasiado fortes. Que ato grotesco, desumano e ignorante! (*cf.* AM, 1980)

Os tribunais deveriam finalmente tomar ciência de que a necessidade de onipotência da criança que fora um dia impotente e desrespeitada é o que está agindo quando um assassino mata mulheres e crianças em série. Isso tem muito pouco a ver com sexualidade, a não ser que a onipotência esteja ligada a vivências sexuais por meio de experiências incestuosas.

E, apesar de tudo, pergunta-se: para Patrice Alègre, não existia outra solução, senão assassinar, senão sempre estrangular a mulher, em meio aos seus gemidos e suspiros? Para quem está de fora, fica claro, rapidamente, que ele precisava sempre estrangular, nas diversas figuras femininas, a mãe que o condenou a esses sofrimentos quando ele era criança. Mas ele mesmo quase não conseguia entender isso. Por isso precisava de vítimas. Ainda hoje, Patrice diz amar sua mãe. E, já que ninguém o ajudou, já que ele não encontrou a Testemunha Esclarecida que lhe permitisse admitir os desejos de morte em relação à mãe, tornar-se consciente deles e entendê-los, estes pululavam nele ininterruptamente e o obrigavam a matar outras mulheres, no lugar da mãe. "Isso é tão fácil assim?", perguntarão muitos psiquiatras. Sim, penso que é muito mais fácil do que o que aprendemos, do que tivemos que aprender para conseguir honrar nossos pais e não sentir o ódio que eles mereciam. Mas o ódio de um Patrice não teria matado ninguém se tivesse sido conscientemente vivenciado. Ele surgiu do vínculo com a mãe, tão frequentemente louvado – o vínculo que o impeliu a matar. Quando criança, ele não podia esperar salvamento, senão por parte da mãe, uma vez que, perto de seu pai, corria constantemente perigo de morte. Como pode uma criança, tendo sido incessantemente ameaçada pelo terror de seu pai, conseguir odiar sua mãe ou, ao menos, enxergar que não pode esperar dela nenhuma ajuda? Ele precisou criar para si uma ilusão e se agarrar a ela, mas o preço dessa ilusão foi pago, mais tarde, por suas numerosas vítimas. Sentimentos não matam, e a vivência consciente de sua frustração em relação à mãe e até mesmo de sua necessidade de a estrangular não teria matado. Foi a repressão da necessidade, a clivagem de muitos sentimentos negativos, que se dirigiam inconscientemente contra ela, que o impeliram a cometer seus atos funestos.

II.6 A droga – Enganando o corpo

Quando criança, tive que aprender a reprimir minhas reações mais naturais, como cólera, dor e medo, para não ser castigada por elas. Mais tarde, nos tempos de escola, eu tinha até mesmo orgulho da minha arte do domínio e da moderação. Considerava essa capacidade uma virtude e também a esperei de meu primeiro filho. Foi somente depois de conseguir me libertar dessa postura que se tornou possível, para mim, entender o sofrimento de uma criança, a quem se proíbe reagir de forma adequada a ofensas e experimentar o trato com suas emoções em um ambiente amistoso, a fim de encontrar, mais tarde, em sua vida, uma orientação em seus sentimentos, em vez de temê-los.

Infelizmente, aconteceu com muitas pessoas o que aconteceu comigo. Quando crianças, elas não podiam mostrar suas emoções intensas, ou seja, também não as podiam vivenciar e, mais tarde, sentiram falta disso. Algumas conseguiram encontrar seus sentimentos recalcados nas sessões de terapia e vivenciá-los, de modo que eles se transformaram em sentimentos conscientes, que podem ser entendidos a partir da própria história e já não precisam ser temidos. Mas outras pessoas recusam esse caminho para si porque, com suas experiências trágicas, não podem ou não querem confiar em ninguém. Na sociedade de consumo atual, elas se encontram entre seus pares. É de bom-tom não mostrar sentimentos, a não ser em situações excepcionais, depois de consumir álcool e drogas. Em outros casos, gosta-se de falar com ironia de sentimentos (os dos outros ou os próprios). A arte da ironia costuma ser bem paga no *show business* ou no jornalismo, portanto é possível até mesmo ganhar muito dinheiro com uma repressão eficaz dos sentimentos. Mesmo que, afinal, corra-se o risco de perder totalmente o acesso a si mesmo, de funcionar apenas na máscara, na personalidade dissimulada, pode-se recorrer às drogas, ao álcool e aos medicamentos que se encontram à disposição em grande variedade, pois foi justamente a ironia que tanto rendeu. O álcool ajuda a conservar o bom humor, e as drogas mais fortes são ainda mais eficientes nisso. Mas, como essas emoções não são verdadeiras, não estão associadas à verdadeira história do corpo, seu efeito é forçosamente limitado no tempo. São necessárias doses cada vez maiores para tapar o buraco que a infância deixou.

Em um artigo da revista *Der Spiegel*, de 7 de julho de 2003, um rapaz, jornalista bem-sucedido, que trabalha, dentre outros veículos, para essa mesma revista, conta sobre sua longa dependência da heroína. Cito aqui algumas passagens do relato, cuja sinceridade e franqueza muito me tocaram:

> "Em algumas profissões, usar drogas para ser criativo é considerado algo que impulsiona a carreira. Empresários, músicos e outras estrelas da mídia lidam com álcool, coca ou heroína. Um jornalista estabelecido e dependente crônico escreve sobre seu vício e sobre sua vida dupla.
> Dois dias antes do Natal, tentei estrangular minha namorada. Nos últimos anos, era sempre nessas semanas próximas à passagem do ano que minha vida saía do eixo.

Fazia 15 anos que eu lutava com minha dependência da heroína, às vezes com mais, às vezes com menos êxito. Já tinha feito dúzias de tentativas de desintoxicação e duas terapias de internação de longa duração. Havia alguns meses, eu voltara a injetar heroína diariamente, muitas vezes junto com cocaína."

Assim era garantido o equilíbrio.

"Daquela vez, fazia quase dois anos que tudo ia bem. Nesse meio-tempo, eu escrevia para os jornais mais interessantes do país e ganhava decentemente; no verão, me mudara para um apartamento antigo e espaçoso. E, talvez o mais importante, tinha me apaixonado novamente. Naquela noite, pouco antes do Natal, o corpo de minha namorada estava deitado sobre o chão de tábuas de madeira e se revirava sob o meu, com minhas mãos em seu pescoço.

Poucas horas antes, eu me esforçara obstinadamente em esconder essas mãos. Estivera em um quarto de hotel, entrevistando um dos regentes mais renomados da Alemanha. Fazia um tempo que eu tinha passado a injetar nas veias finas do dorso da mão e nos dedos. As veias do meu braço estavam totalmente destruídas. Na ocasião, minhas mãos pareciam de um filme de horror – inchadas, inflamadas, furadas. Só vestia pulôveres com mangas muito compridas. Felizmente era inverno. O regente tinha belas mãos esbeltas. Mãos que estavam sempre em movimento. Que brincavam com meu gravador quando ele refletia. Mãos com as quais ele parecia dar forma ao seu mundo.

Foi difícil me concentrar em nossa conversa. Tivera que viajar de avião, e fazia muitas horas que havia injetado em mim mesmo a última dose, antes da decolagem. Tinha me parecido arriscado demais levar heroína a bordo. Além disso, tentava controlar meu consumo ao menos um pouco, comprando apenas uma determinada quantidade por dia. Por isso, no final do dia, a coisa quase sempre apertava. Fiquei agitado, tive acessos de suor. Queria ir para casa. Naquela hora mesmo. Dirigir minha atenção para alguma outra coisa me causava fadiga física. Apesar disso, consegui aguentar a entrevista. Se existia algo que eu temia mais do que os sofrimentos da abstinência, era a ideia de perder meu trabalho. Desde os 17 anos eu sonhava ganhar meu dinheiro com o que escrevia. Havia aproximadamente dez anos que esse sonho tinha se tornado realidade. Às vezes me parecia que meu trabalho era o último resto de vida que me sobrava."

O último resto de vida chamava-se trabalho. E trabalho significava dominação. E onde estava a vida de fato? Onde estavam os sentimentos?

"Daí, me agarrei ao trabalho. A cada tarefa, o medo de já não estar à altura disso tudo me corroía os intestinos. Eu mesmo não compreendia como conseguia suportar viagens, fazer entrevistas, escrever textos.
Então, estava sentado naquele quarto de hotel e falava, corroído pelo medo de falhar, pela vergonha, pelo ódio por mim mesmo, pela avidez por droga. Só mais 45 minutos e você terá superado isso. Observava como o regente enquadrava suas frases com seus gestos. Horas mais tarde, olhei para minhas mãos que estrangulavam o pescoço de minha namorada.
[...]"

Possivelmente, a droga consegue reprimir tanto os medos e as dores, que a pessoa em questão não precisa experimentar os verdadeiros sentimentos – enquanto o efeito da droga dura. Mas as emoções não vividas intensificam-se quando o efeito da droga diminui. Assim também foi nesse caso:

> "A viagem de volta, depois da entrevista, foi uma tortura. Já estava me esvaindo em sono no táxi, um sono de esgotamento, raso, febril, do qual eu despertava de susto. Uma camada de suor frio cobria minha pele. Parecia que eu ia perder meu voo. Ter que esperar uma hora e meia ainda pela minha próxima picada me parecia insuportável. Olhava o relógio a cada 90 segundos.
>
> A toxicomania transforma o tempo em inimigo. Você espera. Constantemente, em um círculo repetitivo, em busca do sempre novo. Pelo fim da dor, por seu fornecedor, pelo próximo dinheiro, por uma vaga na clínica de desintoxicação, ou simplesmente que o dia finalmente termine. Para que tudo finalmente acabe. Depois de cada picada, o relógio corre sem parar contra você.
>
> Talvez seja isso o mais pérfido no vício – ele transforma tudo e todos em inimigos. O tempo, seu corpo, que só se dá conta de si quando tem necessidades incômodas, amigos e família, cujas preocupações você não consegue dissipar, um mundo que só impõe exigências que você não se sente capaz de satisfazer. Nada estrutura a vida com tanta clareza quanto o vício. Ele não deixa margem para dúvidas, nem sequer para decisões. O contentamento mede-se pela quantidade disponível de droga. O vício ordena o mundo.
>
> Naquela tarde, estava a apenas poucos quilômetros de casa. Casa era onde as drogas me esperavam. O fato de eu ter conseguido pegar o voo refreou minha inquietação apenas por pouco tempo. A decolagem estava demorando, eu estava novamente em transe. Cada vez que abria os olhos e via que o avião estava parado na pista de rolamento, tinha vontade de gritar. A abstinência se arrastava lentamente

por meus membros e se agarrava aos meus ossos. Um estiraçar interno nos braços e nas pernas, como se os músculos e as veias fossem curtos demais."

As emoções relegadas conseguem novamente acesso e atormentam o corpo.

"No meu apartamento, Monika esperava por mim. À tarde, ela tinha estado na casa de nosso fornecedor, um jovem negro, e comprado cocaína e heroína. Tinha lhe dado o dinheiro necessário antes de partir. Esse era nosso trato pessoal – eu ganhava o dinheiro, ela ia buscar as drogas.

Eu detestava todos os viciados, queria o mínimo de contato possível com esse ambiente. E, no trabalho, sempre que podia, restringia meus contatos com os redatores responsáveis por e-mail e por fax, somente usava o telefone quando a mensagem na secretária não permitia nenhum tipo de delonga. Havia muito tempo que já não falava com meus amigos; de qualquer modo, não tinha nada a lhes dizer.

Como tinha acontecido tantas vezes nas últimas semanas, fiquei sentado durante horas no banho, tentando encontrar uma veia que não estivesse completamente destruída. Era, sobretudo, a cocaína que devorava as veias, e as inúmeras picadas com agulhas não esterilizadas faziam o resto do serviço. O meu banheiro parecia um matadouro, traços de sangue na pia e no chão, paredes e teto respingados.

Naquele dia, tinha ficado livre, em parte, das manifestações da abstinência, primeiro, fumando aproximadamente um grama de heroína – o pó marrom evapora em uma lata de alumínio aquecida na parte inferior; a fumaça é inalada tão profundamente quanto possível. Como a droga tem que passar pelos pulmões, o efeito demora alguns minutos, ou seja, uma eternidade. O torpor sobe lenta e compassadamente até a cabeça, a carga de adrenalina redentora não chega. É meio como sexo sem orgasmo.

Além disso, a inalação era uma tortura para mim. Sou asmático, meu pulmão logo começava a assobiar, cada cheirada doía como um corte de faca e provocava enjoos e náuseas. A cada tentativa vã de injeção, minha inquietação aumentava.

Minha cabeça estava cheia de imagens, de lembranças de momentos de êxtase e de incrível intensidade. Lembranças de quando aprendi a gostar de haxixe, aos 14 anos, porque, repentinamente, conseguia não apenas ouvir música, como também senti-la no meu corpo todo. De como, sob o efeito do LSD, eu ficara parado diante de um sinal de pedestres, com a boca aberta de espanto, e a mudança das cores não desencadeara nenhuma explosão de luzes no meu cérebro. Ao meu lado, meus amigos, ligados a mim de uma forma mágica. Lembranças de minha primeira picada, que tinha me prendido tanto quanto minha primeira relação sexual: de como a mistura cocaína-heroína balançava minhas células nervosas até eu vibrar de uma tensão agitada, como se fosse um gongo chinês de carne e osso. Do efeito da heroína, que tudo suavizava, como se fosse um Lenor para a alma, que nos envolve como a placenta faz com o feto. [...]"

Esse homem expressa com muita clareza a força com que as verdadeiras necessidades e os verdadeiros sentimentos vêm à tona quando a droga não está à disposição. Mas os sentimentos autênticos da falta, do abandono e da cólera geram pânico, de modo que têm que ser combatidos novamente com ajuda da heroína. Ao mesmo tempo, o corpo deve ser manipulado para "produzir" sentimentos desejados, positivos através da droga. Naturalmente, o mesmo mecanismo age no caso de consumo de drogas legais, como os psicofármacos.

A dependência compulsiva de substâncias pode ter consequências catastróficas, justamente porque obstrui o caminho para as emoções e sentimentos verdadeiros. A droga pode até oferecer sentimentos eufóricos, que estimulam a criatividade, um dia perdida em consequência da educação cruel, mas o corpo não tolera essa autoalienação por toda a vida. Vimos em Kafka, e em outros, que a atividade criativa, a escrita e a pintura também poderão ajudar a sobreviver durante um tempo, mas não abrirão o acesso perdido para a real fonte da vida de uma pessoa, em razão dos maus-tratos um dia sofridos, enquanto ela temer o conhecimento e a sua história.

É, sobretudo, Rimbaud quem nos oferece um exemplo impressionante. As drogas não podiam substituir o elemento espiritual de que ele realmente poderia ter precisado, e seu corpo não se deixou enganar acerca de seus verdadeiros sentimentos. Mas, se ele tivesse encontrado pelo menos uma pessoa que o ajudasse a discernir totalmente o efeito destrutivo de sua mãe, em vez de punir a si mesmo por isso, sua vida poderia ter tomado outro rumo. Foi assim que todas as tentativas de fuga falharam, e ele sempre era obrigado a voltar para a mãe.

A vida de Paul Verlaine também terminou muito cedo. Ele morreu aos 51 anos, na miséria, externamente em razão da toxicomania e do alcoolismo, que consumiram totalmente suas reservas monetárias. Mas, como no caso de tantos outros, a origem interna foi a falta de consciência, a submissão ao mandamento de validade geral, a tolerância silenciosa da manipulação e do controle maternos (muitas vezes, por meio do dinheiro). Por fim, Verlaine viveu com mulheres que lhe davam dinheiro, presumivelmente prostitutas, depois de, em seus anos de juventude, ter esperado se libertar com a ajuda da automanipulação pelas drogas.

Não é em todos os casos que a droga tem a função de libertar a pessoa da dependência e das pressões maternas. Algumas vezes, no caso do consumo de drogas legais (como álcool, cigarro, medicamentos), trata-se da tentativa de tapar o buraco que a mãe deixou. A criança não recebeu o alimento que precisava receber dela, e tampouco o conseguia encontrar mais tarde. Quando a pessoa não se encontra sob o efeito das drogas, essa lacuna pode ser literalmente sentida como fome física, como um espasmo de fome no estômago, que se contrai. Provavelmente, a pedra fundamental do vício é assentada bem no início da vida e, por conseguinte, a pedra fundamental da bulimia e dos transtornos alimentares também. O corpo torna claro que *precisou* de algo (no passado), quando era um ser infimamente pequeno, mas a mensagem será mal compreendida enquanto as emoções continuarem apagadas. Assim, a necessidade da criança pequena é incorretamente registrada como a necessidade *atual*, e todas as tentativas de satisfazê-las no presente frustram-se necessariamente. Pois, hoje, temos necessidades diferentes daquelas de antes e podemos satisfazer muitas delas se, no nosso inconsciente, elas já não estão associadas com as antigas.

II.7 Podemos perceber

Uma mulher escreveu-me que se esforçou durante uma terapia de anos para desculpar os pais pelas agressões físicas, algumas delas perigosas, porque, aparentemente, a mãe sofria de uma psicose. Quanto mais a filha obrigava-se a desculpar, mais fundo mergulhava em sua depressão. Ela se sentia como que encarcerada em uma prisão. Somente a pintura a ajudava a afugentar suas ideias de suicídio e a se manter viva. Depois de uma exposição, ela começou a vender quadros, e alguns agentes deram-lhe grandes esperanças. Alegre, ela contou isso a sua mãe, que também ficou alegre e disse: "Agora, você vai ganhar muito dinheiro e poder cuidar de mim."

Quando li isso, lembrei de uma conhecida chamada Klara, que, *en passant*, contara-me que seu pai viúvo, mas robusto e ambicioso, havia-lhe dito, quando ela alcançou a aposentadoria, pela qual ansiava "tanto quanto por uma segunda vida": agora, você finalmente terá tempo para cuidar mais dos meus negócios. Essa conhecida minha, que, a vida inteira, tinha cuidado mais dos outros que de si mesma, não percebeu em absoluto que essa fala impunha-se sobre ela como uma nova e pesada carga; ela contava tudo sorrindo, quase feliz. A família também achava que, de fato, já era tempo de ela assumir o papel da secretária de muitos anos, recém-falecida, já que estava livre. (O que a pobre Klara faria com seu tempo livre, senão se sacrificar pelo pai?) Mas, depois de algumas poucas semanas, ouvi dizer que Klara estava com câncer no pâncreas. Pouco mais tarde, ela morreu. Tinha sofrido o tempo todo de fortes dores, e minhas tentativas de fazê-la lembrar das frases de seu pai foram frustradas. Ela lamentava que, agora, com essa doença, não estivesse mais em condições de ajudá-lo, já que o amava muito. Não sabia por que tinha sido atingida agora por esse sofrimento, já que quase nunca adoecia, todos a invejavam por sua saúde. Klara vivia de forma muito intensa em suas convenções e, aparentemente, quase não conhecia seus verdadeiros sentimentos. Então, o corpo teve que dar um aviso, mas, infelizmente, não havia ninguém na família que a ajudasse a decifrar o sentido das palavras dele. Nem mesmo seus filhos adultos estavam dispostos e em condições de fazer isso.

Com a pintora foi diferente. Ela sentiu claramente a raiva que teve da mãe quando ouviu sua reação à venda bem-sucedida dos quadros. A partir daí, a alegria da filha diminuiu por alguns meses, não conseguia pintar e caiu novamente em depressão. Decidiu não visitar nem a mãe nem os amigos que apoiavam esta. Deixou de esconder de seus conhecidos o estado da mãe, começou a se comunicar e recobrou as energias e a alegria de pintar. O que lhe devolveu as energias foi a admissão da verdade plena sobre a mãe e a renúncia gradual ao vínculo, ou seja, dentre outros, à compaixão e à expectativa de que poderia fazer a mãe feliz, para que um dia ela pudesse amá-la. Ela aceitou que não conseguia amar essa mãe, e agora conhecia a razão.

É mais raro ouvir histórias desse tipo, com um final positivo, mas eu acho que elas ficarão mais frequentes com o passar do tempo, quando conseguirmos perceber que não devemos gratidão, tampouco sacrifício aos pais que nos maltrataram. Só oferecíamos esses sentimentos aos fantasmas, aos pais idealizados, que não existem mesmo. Por que continuamos a nos sacrificar por fantasmas? Por que continuamos presos a relações que nos lembram sofrimentos antigos? Porque esperamos que, um dia, isso se transforme se encontrarmos a palavra correta, se assumirmos a postura correta, se demonstrarmos a compreensão correta. Mas isso significaria nos dobrar novamente para receber amor, como fizemos na infância. Hoje, como adultos, sabemos que nossos esforços foram explorados e que aquilo não era amor. Por que, apesar disso, esperamos que pessoas que, não importando a razão, não conseguiram nos amar acabem por fazê-lo?

Se conseguirmos renunciar a essa esperança, as expectativas nos abandonarão e, com elas, o autoengano que nos acompanhou durante toda a vida. Já não acreditaremos que não éramos dignos de ser amados e que precisaríamos ou poderíamos provar que o somos. Não dependia de nós, dependia da situação de nossos pais, do que fizeram com seus traumas de infância, de até que ponto eles chegaram no tratamento, e não podemos mudar nada disso, só podemos viver nossa vida e mudar nossa postura. A maioria dos terapeutas pensa ser possível mudar também, dessa forma, a relação com os pais, já que a postura mais madura da criança crescida levaria os pais a dever-lhe mais respeito. Não posso confirmar essa concepção incondicionalmente; minha experiência foi mais a de que a mudança positiva da criança amadurecida raramente provoca sentimentos positivos e admiração nos pais que um dia a maltrataram. Pelo contrário, é frequente que eles reajam com inveja, manifestações de abstinência e com o desejo de que o filho ou filha possa voltar a ser como era antes, ou seja, submisso, fiel, tolerante aos abusos e fundamentalmente depressivo e infeliz. A consciência recuperada de suas crianças amadurecidas amedronta muitos pais, não se podendo falar, em muitos casos, de uma melhora da relação. Mas também existem exemplos contrários.

Uma moça, que, durante muito tempo, martirizou-se com sentimentos de ódio, terminou por dizer a sua mãe, com medo e palpitações cardíacas: "Eu não gostava daquela mãe que você foi para mim quando eu era criança. Eu a odiava e nem sequer podia saber disso." A mulher ficou espantada de não apenas ela, como também sua mãe, consciente de sua culpa, ficar aliviada com essa informação. Pois, em silêncio, ambas sabiam como se sentiam, mas agora a verdade tinha sido finalmente expressada. A partir dali, uma relação totalmente nova e sincera podia ser construída.

Um amor imposto não é um amor. Ele leva, no máximo, a uma relação dissimulada, sem verdadeira comunicação, a um prelúdio de afeto, que não existe na realidade, que tem por função cobrir o ressentimento ou mesmo o ódio como uma máscara, mas nunca conduz a um verdadeiro encontro. Uma das obras de Yukio Mishima chama-se *Confissões de uma máscara*. Na realidade, como uma máscara consegue contar o que a pessoa vivenciou? Ela não consegue, e o que ela conseguiu contar na obra de Mishima foi puramente intelectual. Ele só conseguiu mostrar as *consequências* dos fatos, mas esses próprios fatos e as emoções que os acompanharam permaneceram ocultos a sua consciência. As consequências manifestaram-se em fantasias doentias, perversas, no desejo de morte, por assim dizer, abstrato, pois os sentimentos concretos da criancinha que ficou presa por anos no quarto de sua avó continuaram inacessíveis ao adulto.

Relações que se baseiam em uma comunicação mascarada não podem se transformar. Elas continuam sendo aquilo que sempre foram: comunicações falhas. Somente quando ambos os lados conseguem admitir, vivenciar e expressar os sentimentos sem medo é que é possível uma verdadeira relação. É bonito quando isso dá certo, mas raramente acontece, porque o medo da perda da fachada e da máscara, já familiares, impede a verdadeira troca de ambos os lados.

Mas por que devemos buscar essa troca precisamente nos pais? Eles já não são parceiros no sentido real. A história com eles acabou no momento em que os próprios filhos passaram a existir e se tornou possível o entendimento com o companheiro ou companheira. A paz que muitas pessoas gostariam de ter não pode ser oferecida de fora para dentro. Muitos terapeutas são da opinião de que seria possível encontrá-la no perdão, mas essa opinião vive sendo desmentida por fatos. Como sabemos, todo padre reza, todo dia, o Pai-Nosso, pedindo, portanto, o perdão de suas dívidas, acrescentando: "(...) assim como perdoamos os nossos devedores (...)", mas isso não impede alguns deles, obedecendo à compulsão à repetição, de violentar e recalcar crianças e jovens, de cometer um crime. Desse modo, protegem também seus pais e não se dão conta do crime que estes cometeram contra eles. Por isso, nesse caso, o sermão do perdão não só é hipócrita e inútil, como também perigoso. Ele mascara a compulsão à repetição.

Só o que nos protege da repetição é a admissão de nossa verdade, da verdade integral, com todos os seus aspectos. Quando sabemos, de modo tão exato quanto possível, o que nossos pais fizeram conosco, não corremos o risco de repetir suas atrocidades. Caso contrário, fazemos isso automaticamente e temos a maior das resistências contra a ideia de que conseguimos, podemos e devemos dissolver o vínculo infantil com os pais cruéis quando nos tornamos adultos e de que queremos estruturar nossa própria vida em paz. Devemos abandonar a perturbação da criancinha, oriunda de nosso antigo esforço em desculpar os maus-tratos e deles deduzir um sentido. Adultos, podemos parar com isso e também aprender a entender de que forma a moral dificulta a cura das feridas nas terapias.

Alguns exemplos poderiam ilustrar concretamente como isso acontece. Uma moça está desesperada. Considera-se uma perdedora tanto na vida profissional quanto em suas relações. Ela escreve:

> "Quanto mais digo a minha mãe que sou um zero à esquerda, que não consigo nada, mais falho em tudo. Mas não quero odiar minha mãe, quero fazer as pazes com ela, quero perdoá-la para finalmente me livrar do meu ódio. Mas não consigo. Mesmo no meu ódio, me sinto perseguida por ela, como se ela me odiasse. Mas isso não pode ser verdade. O que estou fazendo de errado? Mas sei que vou sofrer se não conseguir perdoá-la, pois minha terapeuta disse que lutar contra meus pais seria o mesmo que lutar contra mim. Claro que eu sei que não devemos perdoar quando não o conseguimos fazer do fundo do coração. E eu me sinto totalmente perturbada, pois existem momentos nos quais consigo perdoar e sinto compaixão por meus pais, então, repentinamente, sinto raiva, me revolto contra o que

fizeram e não quero ver meus pais de jeito nenhum. Mas quero viver minha própria vida, ficar em paz e não pensar constantemente em como eles me bateram, humilharam e quase me torturaram."

Essa mulher está convencida de estar entrando em uma guerra contra os pais, de que levar a sério suas lembranças e permanecer fiel ao seu corpo seria o mesmo que lutar contra si mesma. A terapeuta disse-lhe isso. Mas a consequência dessa fala é que essa mulher não consegue de forma alguma fazer uma distinção entre sua vida e a vida de seus pais. Não pode ter nenhum tipo de identidade, só conseguindo entender a si mesma como parte de seus pais. Como a terapeuta pode dizer isso? Não sei. Mas penso perceber nessas falas o medo que a terapeuta tem dos próprios pais. Não é de espantar que a paciente deixe-se contaminar por esse medo e por essa perturbação e não ouse descobrir suas histórias da infância, para deixar viver seu corpo com sua verdade.

Em um outro caso, uma mulher muito inteligente escreve que não gostaria de fazer julgamentos gerais sobre seus pais, mas sim ver as coisas de forma diferente. Pois, não obstante ela tenha apanhado e sofrido abusos sexuais quando criança, também vivenciou bons momentos com os pais. A terapeuta confirma-lhe que ela deve mesmo sopesar os bons e maus momentos e que, como adulta, precisa entender que não podem existir pais perfeitos e que todos os pais cometem erros. Mas não se trata disso. Trata-se de a mulher, agora adulta, ter que desenvolver uma empatia pela menininha, cujo sofrimento ninguém viu porque ela foi usada para os interesses dos pais, os quais ela conseguiu satisfazer com perfeição, graças a sua grande vocação. Se, agora, ela está disposta a sentir esse sofrimento e conceder à criança que nela existe um acompanhamento, não deve fazer uma compensação entre os momentos bons e ruins porque assim ela se enfia novamente no papel da mocinha que queria satisfazer os desejos dos pais: amá-los, perdoá-los, lembrar os bons momentos etc. A criança tentou fazer isso continuamente na esperança de entender as contradições das mensagens e ações dos pais às quais estava submetida. Mas esse "trabalho" interno não fez senão acentuar sua perturbação. Pois era impossível para a criança entender que a mãe tinha se entrincheirado contra os próprios sentimentos em um *bunker* interno e, por isso, vivia sem contato algum com suas necessidades. Quando o adulto entende isso, não deve dar continuidade ao esforço desesperado da criança, não deve tentar obter uma apreciação objetiva, não deve opor o bem ao mal, mas agir segundo seus próprios sentimentos, que, como tudo o que é emocional, sempre são subjetivos: o que me atormentou na infância? O que eu não podia sentir de forma alguma?

Não se trata de uma condenação geral dos pais, mas da descoberta da perspectiva da criança que sofre, muda, e da renúncia ao vínculo que caracterizo como destrutivo. Esse vínculo consiste, como já disse, em gratidão, compaixão, recusa, ânsia, paliação e numerosas expectativas, que ficam – e têm necessariamente que ficar – insatisfeitas. O caminho para se tornar adulto não passa pela tolerância com as crueldades sofridas, mas pelo reconhecimento da própria verdade e pelo aumento da empatia em relação à criança maltratada. Ele está na percepção de como os maus-tratos dificultaram toda a vida do adulto, de como muitas possibilidades foram destruídas e de como muito dessa miséria foi involuntariamente transmitida para a geração posterior. Essa constatação trágica somente é possível se pararmos de compensar entre si os bons e os maus aspectos dos pais que nos maltrataram, porque, assim, tornamos a cair na compaixão, na recusa da crueldade, na suposição de que isso seria uma concepção diferente das coisas. Penso que o que se reflete aqui é o esforço infantil e que o adulto precisa evitar essa compensação porque ela é perturbadora e dificulta sua própria vida. É evidente que as pessoas que nunca apanharam na infância, que nunca tiveram que sofrer violência sexual não precisam fazer esse trabalho. Elas podem gozar de seus bons sentimentos na presença de seus pais, inclusive os chamando de amor, não precisando se recusar. Esse fardo somente pesa sobre pessoas que um dia foram maltratadas, sobretudo quando elas não estão dispostas a pagar o autoengano com enfermidades. Minha experiência quase que cotidiana mostra-me que essa é a regra.

Uma mulher, por exemplo, escreve, no fórum, ter lido na internet que não é possível ajudar a si mesmo quando não se veem mais os pais porque nos sentimos perseguidos por eles. E era justamente o que ela estava vivenciando. A partir do momento em que deixou de visitar seus pais, começou a pensar dia e noite neles e vivia constantemente com medo. Isso é totalmente compreensível: ela vive em pânico porque os ditos especialistas da internet, com seu próprio medo dos pais, reforçaram nela o medo que ela já sentia. A moral pregada dessa forma reza que uma pessoa não tem direito à própria vida, aos seus próprios sentimentos e a suas próprias necessidades. É presumível que quase não se encontre outra coisa na internet senão isso, porque nela não se reflete senão nossa mentalidade, que conservamos há milhares de anos: honra teu pai e tua mãe, para que viva longos anos.

Na primeira parte deste livro, as biografias de alguns escritores mostram que esse nem sempre é o caso, especialmente em se tratando de pessoas que eram muito sensíveis e inteligentes quando crianças. Mas uma vida longa tampouco é uma prova de que a ameaça contida no quarto mandamento é justificada. Muito pelo contrário: é também uma questão da qualidade da vida. Trata-se de os pais e avós conscientizarem-se de sua responsabilidade e não honrarem seus antepassados à custa de seus filhos e netos, dos quais eles, sem refletir, abusam sexualmente, a quem espancam ou maltratam de outras formas, segundo se diz, para seu bem. Muitas vezes, os pais conseguem aliviar o próprio corpo quando descontam nos filhos seus sentimentos transbordantes em relação aos próprios pais. Entretanto, eles podem adoecer rapidamente quando esses filhos se libertam, ao menos do ponto de vista externo.

E os filhos e netos de hoje podem perceber, podem acreditar no que viram e sentiram quando crianças, e não precisam se submeter à cegueira. Pois eles pagavam a cegueira imposta com enfermidades físicas ou psíquicas, cujas origens ficaram ocultas por muito tempo. Quando deixam de contribuir para esse ocultamento, eles têm a possibilidade de romper a cadeia da violência e da ilusão e já não exigir nenhum sacrifício de seus filhos.

Há pouco tempo, um programa de TV mostrou crianças que sofriam de neurodermatite, ou seja, que tinham pruridos constantes no corpo inteiro. Os especialistas que participaram desse programa afirmaram, unanimemente, que essa doença era incurável. Não se falou em momento algum das origens psíquicas, embora fosse visível que as crianças que encontravam na clínica os coleguinhas que sofriam da mesma doença apresentassem uma melhora ou até mesmo se curassem. Esse próprio fato já me permitiu supor, como espectadora, que os contatos travados na clínica davam às crianças o sentimento de não serem as únicas pessoas a terem esses sintomas incompreensíveis.

Logo depois desse programa, conheci Veronika, que havia desenvolvido uma neurodermatite durante sua terapia e, com o tempo, percebeu que era justamente esse sintoma que lhe permitia dissolver seu antigo vínculo funesto com o pai. Veronika era a mais nova de cinco filhas; fora explorada sexualmente por suas irmãs mais velhas, sua mãe era alcoólatra e ameaçava incessantemente a existência da filha com acessos inesperados de cólera. Nessa situação, a menina alimentava a vã esperança de que seu pai, um dia, a salvaria daquela situação. Veronika idealizou a figura paterna durante toda a sua vida, embora não houvesse nenhuma razão, nenhuma lembrança que pudesse ter, alguma vez, confirmado essa estima. O pai também era alcoólatra e não mostrava por suas filhas senão interesse sexual. Mas Veronika acomodava-se com sua esperança. Por cinquenta anos ela permaneceu fiel a suas ilusões. Entretanto, durante sua terapia, passou a sofrer de um intenso prurido quando encontrava pessoas pelas quais ela não conseguia se fazer compreender ou das quais esperava ajuda.

Veronika contou-me que, durante muito tempo, tinha sido um enigma para ela o tormento das constantes e cruéis crises de prurido e que nada podia fazer contra isso, a não ser se irritar por ter que se coçar. Como se viu mais tarde, nesse grito de sua pele escondia-se a cólera contra toda a sua família, mas, sobretudo, contra o pai, que nunca estivera disponível para ela, mas cujo papel de salvador ela inventou para suportar a solidão dentro da família que a maltratava. Naturalmente, o fato de essa fantasia de salvamento ter sobrevivido por cinquenta anos tornou a cólera ainda maior. Mas, com a ajuda da terapeuta, Veronika descobriu que o prurido aparecia sempre que tentava reprimir um sentimento. Ele não a deixou em paz até que ela conseguiu admitir e vivenciar o sentimento. Graças a seus sentimentos, ela passou a perceber de forma cada vez mais clara que havia construído em torno de seu pai uma fantasia sem nenhum tipo de fundamento real. Essa fantasia manifestava-se em todas as suas relações com homens. Ela esperava que o pai amado a protegesse da mãe e das irmãs e compreendesse sua carência. Qualquer pessoa estranha teria facilmente percebido que isso não acontecia e não podia acontecer. Apenas para a própria Veronika essa visão realista era totalmente inconcebível. Ela sentia como se tivesse que morrer, caso admitisse a verdade.

Isso é compreensível, pois, em seu corpo, vivia a criança desprotegida, que, certamente, teria morrido sem a ilusão de que o pai a ajudaria. Entretanto, como adulta, ela podia renunciar a essa ilusão, porque a criança já não estava sozinha com seu destino. A partir de agora, existia nela a parte adulta que podia protegê-la, que podia fazer o que o pai nunca havia feito: entender a criança em sua carência e defendê-la do abuso. Ela vivenciava sempre no cotidiano que, finalmente, já não conseguia ignorar, como antes, as necessidades de seu corpo, mas sim levá-las totalmente a sério. Depois, o corpo passou a sinalizar essas exigências apenas com um leve prurido, que, a cada vez, tornasse claro para ela que a criança precisava de seu auxílio. Embora Veronika exercesse um trabalho de muita responsabilidade, tinha a tendência de se ligar a pessoas que, no fundo, eram-lhe indiferentes, tornando-se totalmente dependente delas. Isso mudou completamente depois da terapia. Ela encontrou em seu corpo um aliado que sabia como se ajudar. E, em minha opinião, esse deveria ser justamente o objetivo de toda terapia.

Graças aos processos aqui descritos e a outros semelhantes que observei nos últimos anos, ficou claro para mim o seguinte: a moral do quarto mandamento, tão cedo endossada por nossa educação, precisa ser eliminada para que se garanta um resultado positivo da terapia. Mas, infelizmente, em muitas terapias, a moral da Pedagogia Negra ou domina desde o início ou é introduzida em algum momento, porque o terapeuta ainda não se libertou dessas pressões. O quarto mandamento é frequentemente associado aos mandamentos da psicanálise. Como já mencionado, mesmo quando o paciente foi auxiliado, durante um período, a enxergar, finalmente, as lesões e os maus-tratos sofridos, alude-se, cedo ou tarde, ao fato de que um dos pais também tinha seu lado bom e deu muito ao filho e de que, agora, o adulto tem que ser grato por isso. Essa alusão basta para deixar o paciente totalmente inseguro de novo, pois é justamente esse esforço de enxergar o lado bom dos pais que o levou a recalcar suas percepções e sentimentos, como descreveu Kertész, de modo tão impressionante, em seu livro.

Laura entregou-se a um terapeuta que, em um primeiro momento, possibilitou-lhe, pela primeira vez, tirar sua máscara e se confiar a uma pessoa que a ajudou a encontrar o acesso aos seus sentimentos e a se lembrar de sua ânsia, quando criança, por proximidade e carinho. De forma semelhante a Veronika, Laura procurava no pai a salvação da frieza da mãe. Diferentemente do pai de Veronika, no entanto, seu pai mostrava um interesse muito maior na menina e até mesmo brincava com ela algumas vezes, de modo que manteve na criança a esperança de uma boa relação. Contudo, o pai de Laura sabia dos castigos da mãe e, mesmo assim, deixou a criança com ela, não a protegeu, não assumiu a responsabilidade pela filha. E o que foi pior: despertou na criança o amor que, na realidade, ele não merecia, escreveu-me ela. A moça viveu com esse amor até ter uma doença, cujo sentido ela tentou entender com a ajuda de terapeutas. Assim, em um primeiro momento, seu terapeuta pareceu-lhe ser muito promissor; com sua ajuda, Laura conseguiu derrubar em si o muro da resistência, mas, no final, ele começou a erigir um muro progressivamente, à medida que surgia nos sentimentos de Laura a suspeita da exploração sexual por parte do pai. Então, repentinamente, ele passou a falar de desejos edípicos da criança e, com isso, perturbou Laura, do mesmo modo que o pai fizera com ela. Ele a sacrificou às próprias fraquezas e lembranças não assimiladas, porque recalcadas. Ofereceu-lhe a teoria analítica em vez da empatia de uma Testemunha Esclarecida.

Embora Laura, graças a sua instrução, tenha conseguido discernir a desorientação do terapeuta, repetiu, com ele, o mesmo modelo, pois sua relação com o pai continuou não resolvida. Ela continuou sendo grata ao terapeuta e ao pai por aquilo que recebera deles, obedecendo assim à moral tradicional, e, em ambos os casos, não con seguia dissolver seu vínculo infantil. Assim, os sintomas continuaram existindo, apesar da terapia primária e corporal que ela, então, tentou. Parecia que o que estava ganhando era a moral, à qual, em muitas terapias, foram sacrificados seu sofrimento e sua história, até que, com a ajuda de uma terapia de grupo, tornou-se possível para Laura renunciar a sua gratidão, perceber a falha de seu pai em sua infância, com todas as consequências, e ver que nisso estava sua responsabilidade por sua vida.

A partir de então, graças à admissão de sua verdade, ela pôde, literalmente, levar uma vida nova, criativa. Então, ela sabia que já não era ameaçada por nenhum perigo se pudesse perceber que seu pai era simplesmente um fraco, que ele nunca a ajudara porque não queria e porque a tinha usado para descontar nela suas próprias feridas para não as ter que sentir nunca. E o corpo, aparentemente, se sentiu sossegado com essa percepção, pois o tumor, que os médicos queriam operar a qualquer custo, regrediu.

Em uma de suas antigas terapias, ofereceram a Laura o método da visualização, no qual ela depositara grandes esperanças na época. Quando, uma vez, ela conseguiu se lembrar de uma cena em que seu pai, normalmente idealizado, batia nela por ciúmes, a terapeuta afirmou que ela deveria passar a imaginar seu pai como alguém amigável e tentar substituir a antiga imagem negativa por essa imagem positiva. Isso, de fato, ajudou Laura a prolongar por alguns anos sua idealização do pai. Enquanto isso, o tumor crescia em seu útero, até que ela decidiu conhecer a verdade que lhe sinalizava sua real lembrança.

Essas e outras técnicas semelhantes são oferecidas em terapias para transformar, como se diz, sentimentos negativos em positivos. De costume, essa manipulação presta-se ao reforço da negação, que, desde sempre, ajudou o paciente a fugir à dor de sua verdade (denotada pelas emoções autênticas). Por isso, o sucesso de tais métodos não pode ser senão de curta duração. E é muito problemático, pois a emoção negativa primitiva era um importante sinal do corpo. Quando sua mensagem é ignorada, o corpo deve mandar novas mensagens para ser ouvido.

Sentimentos positivos gerados de maneira artificial não apenas são de curta duração, como também nos deixam no estado da criança com suas expectativas infantis de que, um dia, os pais mostrem apenas seu lado bom e não precisemos sentir raiva ou medo deles. Contudo, precisaremos (e poderemos) nos livrar justamente dessas expectativas infantis ilusórias se crescermos e quisermos viver em nossa atual realidade. Isso implica que também possamos viver as chamadas emoções negativas e consigamos transformá-las em sentimentos que façam sentido, identificando suas reais origens, em vez de querer acabar com elas o mais rápido possível. Emoções vividas não duram para sempre (mesmo assim, elas podem liberar emoções bloqueadas nesse curto período de tempo). Somente quando relegadas é que elas se alojam no corpo.

Algumas vezes, massagens de relaxamento e todo tipo de terapia corporal podem trazer um grande alívio, por exemplo ao conseguir libertar músculos e tecidos conjuntivos da pressão de emoções recalcadas, aliviar tensões e, assim, eliminar dores. Contudo, mais tarde, essa pressão poderá voltar a se instalar se as origens dessas emoções tiverem que permanecer desconhecidas, pois a expectativa da criança quanto ao castigo ainda é muito forte em nós, e se, por conseguinte, tivermos medo de aborrecer os pais ou seus substitutos.

Também pouco eficazes são os exercícios, muito recomendados, para "liberar" a cólera, que vão desde o socar almofadas até o boxe, se as pessoas a quem essa cólera dirige-se em primeiro lugar tiverem que ser poupadas. Laura experimentou muitos desses exercícios, sempre apenas com êxito temporário. Somente quando estava pronta para se dar conta da medida total de sua decepção com o pai e para sentir não apenas a dor, mas também a cólera, é que seu útero libertou-se, sem exercícios de relaxamento, como que por si mesmo, do importuno tumor.

III. Anorexia: a ânsia por comunicação verdadeira

> "(...) como eu não conseguia encontrar a comida que me apetece.
> Se eu a tivesse encontrado, acredite-me, não teria feito escândalo e teria comido tudo, como você e todo o mundo."
>
> *Franz Kafka, Ein Hungerkünstler*
> [Um artista da fome]

Introdução à terceira parte

O campo no qual a moral celebra seu maior triunfo é a forma de tratamento da anorexia. É praticamente uma regra que os sentimentos de culpa dos jovens anoréxicos sejam reforçados com advertências mais ou menos claras: "Veja bem como está fazendo seus pais infelizes, como têm que sofrer por sua causa." O sentido do passar fome, sua mensagem real, é totalmente ignorado nessas advertências. Mas é justamente a anorexia que mostra de modo unívoco o quão claramente o corpo sinaliza a verdade dos enfermos.

Muitos anoréxicos pensam: "Preciso amar e honrar meus pais, perdoar-lhes tudo, entendê-los, ter pensamentos positivos, aprender a esquecer. Preciso fazer isso e aquilo e não mostrar minha carência de modo algum."

Mas quem sou eu ainda – essa é a pergunta – quando tento forçar meus sentimentos e já não posso saber o que realmente sinto, experimento, quero, preciso e por quê? Posso até exigir de mim altos desempenhos no trabalho, no esporte, no cotidiano. Mas, se eu quiser me obrigar a ter sentimentos (seja com ou sem a ajuda de álcool, drogas ou medicamentos), serei confrontado, mais cedo ou mais tarde, com as consequências do autoengano. Reduzo-me a uma máscara e já não sei quem sou realmente. Pois a fonte desse saber se encontra em meus verdadeiros sentimentos, os quais estão em harmonia com minhas experiências. E o guardião dessas experiências é o meu corpo. Sua memória.

Não podemos amar, respeitar, entender a nós mesmos se ignoramos as mensagens de nossas emoções, como, por exemplo, a cólera. Apesar disso, existe uma série de regras e técnicas "terapêuticas" para manipulação das emoções. Elas nos dizem, com muita seriedade, como podemos fazer cessar o luto e gerar alegria. Pessoas com sintomas físicos graves deixam-se aconselhar desse modo nas clínicas, na esperança de, assim, conseguir se livrar do ressentimento em relação aos pais que as corrói.

Isso pode dar certo durante um tempo e trazer um alívio porque, assim, elas conseguem a aquiescência de seu terapeuta. Como crianças comportadas, que se submetem aos métodos educativos da mãe, sentem-se, então, aceitas e amadas. Mas, com o tempo, o corpo manifesta-se com uma recidiva, se não é ouvido em absoluto.

Os terapeutas têm a mesma dificuldade com o tratamento de sintomas de crianças hiperativas. Como se pode querer integrar essas crianças nas famílias se seu sofrimento é considerado, por exemplo, geneticamente condicionado ou um péssimo hábito, que deveria ser eliminado pela educação? E tudo isso para que suas verdadeiras origens permaneçam secretas? Mas, se estivermos dispostos a ver que essas emoções têm uma origem na realidade, que são reações à negligência, aos maus-tratos ou, entre outros, à falta de uma comunicação nutritiva, já não veremos crianças correndo para lá e para cá sem rumo, mas crianças que sofrem e não podem saber por quê. Quando *nós* podemos saber, conseguimos ajudar a nós e a eles. Talvez tenhamos receio (e eles também), não tanto das emoções, da dor, do medo, da cólera, mas do conhecimento sobre o que nossos pais fizeram conosco.

A obrigação (moral), afirmada pela maioria dos terapeutas, de deixar de acusar nossos pais sob todas as circunstâncias leva a uma ignorância voluntária quanto às origens de uma doença e, consequentemente, também quanto às possibilidades de tratamento. Os neurocientistas modernos sabem, há algum tempo, que a falta de um vínculo bom e confiável com a mãe entre os primeiros meses e o terceiro ano de vida deixa marcas decisivas no cérebro e leva a distúrbios graves. Já seria mais do que tempo de disseminar esse conhecimento entre os terapeutas em formação. Assim talvez seja possível reduzir as influências prejudiciais de sua educação tradicional. Pois foi muitas vezes a educação, a Pedagogia Negra que nos proibiu de questionar os atos dos pais. A moral convencional, os preceitos religiosos e, sobretudo, algumas teorias da psicanálise também contribuem para que até mesmo terapeutas infantis hesitem em distinguir e designar claramente a responsabilidade dos pais. Por receio de lhes inculcar sentimentos de culpa, são da opinião de que isso poderia prejudicar a criança.

Entretanto, estou convencida do contrário. Dizer a verdade poderá ter também uma função de despertar, se o acompanhamento for sólido. É claro que o terapeuta infantil não pode mudar os pais da criança "com distúrbio", mas pode contribuir de modo essencial para sua relação com a criança, comunicando-lhes o conhecimento necessário. Ele lhes abre, por exemplo, o acesso a novas experiências, ao informá-los sobre a importância da comunicação *nutritiva* e os ajuda a aprendê-la. Os pais a negam à criança, muitas vezes não por má intenção, mas por nunca terem experimentado essa forma de doação e por não saberem, em absoluto, que algo assim existe. Eles podem aprender com seus filhos a comunicar de forma plena de sentido, mas apenas quando estes já não têm medo, ou seja, quando estes receberam o total apoio de seu terapeuta, que se libertou da Pedagogia Negra, isto é, que está totalmente do lado da criança.

Apoiada pela Testemunha Esclarecida, que é o terapeuta, uma criança hiperativa ou que sofre de outro modo pode ser encorajada a *sentir* sua inquietação, em vez de transformá-la em comportamento instintivo, e a articular seus sentimentos aos pais, em vez de temê-los e afastá-los. Assim, os pais aprendem *com os filhos* que é possível ter sentimentos, sem o temor de catástrofes, e que, ao contrário, fazendo isso, pode surgir algo que reconforte e gere confiança recíproca.

Conheço uma mãe que, de fato, deve a sua filha a salvação do vínculo destrutivo com os pais. Ela esteve muitos anos em terapia, mas não deixou de se esforçar em ver o lado bom de seus pais, pelos quais ela fora severamente maltratada na infância. Ela sofria muito com a hiperatividade e com os acessos de cólera de sua filha pequena que, desde que nascera, estava em constante tratamento médico. Durante anos, esse estado de saúde não se alterou. Ela ia com a criança à médica, dava-lhe os medicamentos prescritos, visitava regularmente seus terapeutas e não deixava de querer justificar seus pais. Conscientemente, ela nunca sofrera por causa de seus pais, mas somente por causa de sua filha. Até que, um dia, ela se irritou, até que, finalmente, ela pôde admitir, com um terapeuta, a cólera que sentia pelos pais e que ficara acumulada durante trinta anos. Então, aconteceu o milagre, que, na verdade, não era um milagre: dentro de poucos dias, sua filha começou a brincar normalmente, deixou de ter os sintomas, fazia perguntas e recebia respostas claras. Era como se a mãe tivesse saído de uma nuvem densa e somente agora estivesse pronta a perceber sua filha. E uma criança assim, que não é usada como objeto de projeções, pode brincar tranquilamente, não precisa correr para todo lado. É que ela deixa de ter a tarefa, jamais possível, de salvar a mãe ou, ao menos, de confrontar esta com a sua própria verdade através de seu "distúrbio".

A verdadeira comunicação baseia-se em fatos, possibilita a transmissão de sentimentos e pensamentos próprios. Contrariamente, a comunicação desorientadora baseia-se na distorção dos fatos e na inculpação do outro pelas próprias emoções indesejadas, que se dirigem, no fundo, aos pais da infância. A Pedagogia Negra não conhece senão esse tipo manipulador de trato. Até pouco tempo, ela era onipresente, mas, agora, existem exceções, como mostra o exemplo a seguir.

Mary, de 7 anos, recusa-se a ir à escola porque a professora bateu nela. Sua mãe, Flora, está desesperada, não pode levar a criança para a escola mediante violência. Ela mesma nunca bateu na filha. Flora vai falar com a professora, confronta-a com os fatos e pede que ela se desculpe com a criança. A professora reage com indignação: onde se iria parar se os professores tivessem que se desculpar com os alunos? Ela acha que a pequena Mary mereceu os tapas porque não prestou atenção quando falou com ela. Flora diz tranquilamente: "Uma criança que, por acaso, não ouve o que a senhora diz talvez tenha medo de sua voz ou de sua expressão facial. Apanhando, ela só terá mais medo. Em vez de bater, seria preciso conversar com a criança, ganhar sua confiança e, assim, dissolver a tensão e o medo."

Repentinamente, os olhos da professora ficam vermelhos, ela cai em sua cadeira e murmura: "Quando criança, só conhecia tapas, ninguém falava comigo; eu só ouvia minha mãe gritando para mim: você não presta atenção no que digo, o que vou fazer com você?"

De repente, Flora fica tocada, ela tinha ido até ali com a intenção de dizer à professora que bater nas crianças na escola era proibido há muito tempo e que ela teria que dar queixa dela. Mas, agora, estava sentada diante dela uma pessoa autêntica, com quem ela podia falar. Por fim, as duas mulheres conseguiram pensar juntas no que era possível ser feito para que a pequena Mary recobrasse a confiança. Então, a professora dispôs-se, por iniciativa própria, a se desculpar com a criança, o que, de fato, fez. Explicou à menina que não precisava temer mais nada porque, de todas as formas, os tapas eram proibidos, e ela tinha feito algo que não era permitido. À criança cabia o direito de reclamar em tais casos, pois professores também podem cometer erros.

Mary voltou a frequentar a escola com prazer. Passou até mesmo a mostrar simpatia por essa mulher que tivera a coragem de admitir seus erros. A criança vai se lembrar bem de que as emoções dos adultos dependem de suas próprias histórias e não do comportamento das crianças. E, quando seu comportamento e seu desamparo desencadeiam emoções fortes nos adultos, as crianças não precisam se sentir culpadas por isso, nem mesmo quando os adultos tentam sobrecarregá-los com a culpa ("eu lhe bati *porque você...*").

Uma criança com a experiência de Mary não se sentirá responsável pelas emoções dos outros, como tantas pessoas, mas apenas pelas suas próprias.

O diário fictício de Anita Fink

Dentre os muitos diários e cartas que frequentemente recebo, existem numerosos testemunhos de maus-tratos cruéis na infância, mas também – porém mais raramente – relatos de terapias que permitiram às pessoas que os redigiram resolver as consequências dos traumas. Algumas vezes, pedem-me para falar sobre essas histórias de vida, mas, na maioria dos casos, hesito, por não saber se a pessoa em questão gostará de ser ver no livro de outra pessoa depois de alguns anos. Em um caso, decidi escrever uma narrativa fictícia, mas baseada em fatos. Suponho que muitíssimas pessoas levam em si uma fonte de sofrimento semelhante, sem ter tido a chance de uma terapia bem-sucedida. Uma moça, a quem dou o nome de Anita Fink, conta, aqui, sobre a evolução da terapia que a ajudou a se curar de uma das mais graves doenças, a anorexia.

Em geral, mesmo entre os médicos, já não se discute que se trata, nesse caso, de uma doença psicossomática, que a psique é "atingida" quando uma pessoa (na maioria das vezes, jovem) perde tanto de seu peso que passa a correr risco de morte. Contudo, na maioria das vezes, a constituição psíquica dessa pessoa permanece em uma luz difusa. No meu entender, isso acontece, do mesmo modo, para que o quarto mandamento não seja violado.

Já falei sobre esse problema em *A verdade liberta*, no qual me restringi, porém, à polêmica contra a práxis corrente, cujo objetivo, no tratamento da anorexia, é o ganho de peso, enquanto as origens da enfermidade permanecem ocultas. Não pretendo dar sequência a essa polêmica aqui. Em vez disso, gostaria de utilizar uma história para ilustrar quais fatores psíquicos levam ao desenvolvimento de uma anorexia e por quais fatores, como acontece neste caso, ela é desencadeada.

O "artista da fome", de Kafka, diz, ao final de sua vida, que teria passado fome porque não conseguia encontrar o alimento que lhe apetecia. Anita poderia ter dito o mesmo quando se curou, porque só então soube qual alimento procurava, de que alimento precisava e sentia falta na infância: a verdadeira comunicação emocional, sem mentiras, sem falsas "preocupações", sem sentimentos de culpa, sem reprovações, sem advertências, sem terror, sem projeções – uma comunicação, da forma como ela pode existir, no melhor dos casos, entre a mãe e a criança desejada, na primeira fase da vida. Se esta nunca teve lugar, se a criança foi alimentada com mentiras, se palavras e gestos servem unicamente para adornar a rejeição da criança, o ódio, o asco, a aversão, então a criança se recusa a crescer com esse "alimento", rejeita-o e pode, mais tarde, tornar-se anoréxica, sem saber de que alimento precisa. Ela não conhece esse alimento por experiência, portanto não sabe que ele existe.

O adulto pode até ter uma vaga ideia de que esse alimento existe e pode cair em orgias alimentares, engolir qualquer coisa, sem seleção, ansiando por aquilo de que precisa, mas não conhece. Torna-se, então, obeso, bulímico. Não quer renunciar: quer comer, comer sem parar, sem restrições. Mas, dado que, assim como o anoréxico, ele não sabe do que precisa, nunca consegue saciar sua fome. Quer ser livre, poder comer de tudo, não precisar se submeter a nenhum constrangimento, mas vive, afinal, no constrangimento de suas orgias alimentares. Para se libertar disso, ele teria que poder comunicar seus sentimentos a alguém, teria que fazer a experiência de ser ouvido, entendido, levado a sério, de já não precisar se esconder. Só então ele sabe que esse é o alimento que procurou a vida inteira.

O artista da fome de Kafka não o nomeou porque Kafka também não o conseguia nomear, não conheceu a verdadeira comunicação na infância. Mas sofria indizivelmente com essa falta; toda sua obra não descreve senão a falta de comunicação: *O castelo*, *O processo*, *A metamorfose*. Em todas as histórias, suas perguntas nunca são ouvidas, são respondidas com distorções estranhas, a pessoa sente-se totalmente isolada e incapaz de se fazer ouvir.

O mesmo aconteceu com Anita Fink durante muito tempo. Na origem de sua enfermidade estava a ânsia nunca satisfeita de um verdadeiro contato com os pais e com os companheiros. O fato de passar fome sinalizava a falta, e a recuperação tornou-se finalmente possível quando Anita fez a experiência de que existiam pessoas que queriam e conseguiam entendê-la. A partir de setembro de 1997, Anita, então com 16 anos, começou a escrever um diário no hospital:

> Eles conseguiram, meu peso está melhor, e ganhei alguma esperança. Não, não foram eles que conseguiram isso, eles me irritaram desde o início nessa clínica, era pior do que em casa: você tem que fazer isso e aquilo, você não pode fazer isso e aquilo, quem você pensa que é, aqui você terá auxílio, mas precisa acreditar nisso e obedecer, senão nin-

guém poderá ajudá-la. Mas que diabos! De onde vocês tiram essa arrogância? Como posso me curar se me submeto a suas ordens idiotas e funciono como uma pequena parte de sua máquina? Isso seria a minha morte. E eu não quero morrer! Vocês falam isso de mim, mas isso é uma mentira, é idiotice. Quero viver, mas não da forma como me impõem, porque senão poderia morrer. Quero viver sendo a pessoa que sou. Mas não deixam. Ninguém deixa. Todos têm alguma pretensão em relação a mim. E, com essa pré-tensão, destroem minha vida. Eu queria ter dito isso a eles, mas como? Como se pode dizer uma coisa dessas a pessoas que vêm a essa clínica para cumprir sua tarefa, que, nos relatórios, só querem comunicar seus êxitos ("Anita, já comeu meio pão?") e, à noite, estão felizes por finalmente deixar os esqueletos e ouvir boa música em casa.

Ninguém quer me ouvir. E o gentil psiquiatra faz como se ouvir fosse o objetivo real de sua visita, mas seus objetivos verdadeiros parecem ser bem outros. Eu os vejo claramente na forma como ele me aconselha, como quer me animar a viver (como se "faz" isso?), me explica que todos aqui querem me ajudar, que minha doença, com certeza, vai ceder se eu ganhar confiança; sim, estou doente porque não confio em ninguém. É isso que vou aprender aqui. Então, ele olha para o relógio e pensa, provavelmente, o quão bem conseguirá relatar esse caso no seminário de hoje à noite. Ele encontrou a chave para a anorexia: confiança. O que você pensou, seu asno, quando me fez o sermão da confiança? Todos me fazem o sermão da confiança, mas eles não a merecem! Você diz me ouvir, mas não faz senão se impor a mim. Quer me agradar, me cegar, ser admirado por mim e, à noite, fazer um bom negócio comigo, contar aos seus colegas no seminário o quão habilmente você leva uma mulher inteligente a ter confiança.

Seu presunçoso, finalmente estou percebendo seu jogo, já não me deixo enganar, não é a você que eu devo a melhora, mas à Nina, a faxineira portuguesa, que, algumas vezes, ficava comigo à noite e realmente me ouvia, se irritava com minha família, antes de eu mesma ousar fazer isso, possibilitando assim minha própria indignação. Graças às reações da Nina ao que eu contava, comecei eu mesma a sentir e a experimentar a frieza e a solidão em que cresci, totalmente sem relações. Portanto, de onde devo tirar minha confiança? As conversas com a Nina foram o que primeiro despertou meu apetite, então comecei a comer, porque fiquei sabendo que a vida tem algo a me oferecer – comunicação verdadeira, algo por que sempre ansiei. Assim, era obrigada a ingerir alimento que não queria, porque não era alimento, era a frieza, a estupidez e o medo da minha mãe. Minha anorexia era a fuga desse pretenso e envenenado alimento. Ela salvou minha vida, minha necessidade de calor, compreensão, conversa e troca. A Nina não é a única. Sei agora que existe isso, que aquilo que procuro existe, só que, durante muito tempo, eu não podia saber.

Antes de ter contato com a Nina, eu não sabia em absoluto que existem outras pessoas que não ela, minha família, a escola. Todos eram tão normais e tão inacessíveis para mim. Para todos, eu era incompreensível, estranha. Para a Nina, eu não era nada estranha. Ela faz trabalhos de limpeza aqui na Alemanha e, em Portugal, tinha começado a estudar na universidade. Mas ela não teve dinheiro para continuar os estudos, porque seu pai morreu logo que ela terminou o ensino médio, e ela precisava trabalhar. Apesar disso, ela me entendeu. Não porque tinha começado a estudar na universidade, isso não tem nada a ver. Na infância, ela tinha uma prima, sobre a qual ela me conta muita coisa, que a tinha ouvido, que a tinha levado a sério. E agora ela também consegue fazer isso comigo, sem esforço, sem problemas. Não sou estranha para ela, embora ela tenha crescido em Portugal e eu, na Alemanha. Isso não é esquisito? E, aqui no meu país, me sinto como uma estrangeira, algumas vezes até mesmo como uma leprosa, apenas porque não quero ser e não vou ser o que pretendem que eu seja.

Com a anorexia, pude demonstrar isso. Olhem aqui como estou. Vocês sentem nojo ao me ver? Tanto melhor; assim, pelo menos, percebem que há algo comigo ou com vocês que não está certo. Vocês desviam o olhar, acham que sou louca. Embora isso me machuque, é menos pior do que ser um de vocês. Sou louca de uma forma, me afastei de vocês porque me recuso a me adaptar a vocês e a trair minha essência. Quero saber quem sou, por que vim a este mundo, por que vim nesta época, por que vim para o sul da Alemanha, por que vim para junto de meus pais, que de mim nada entendem nem conseguem assimilar. Para que, então, estou neste mundo? O que estou fazendo aqui?

Fico feliz por já não precisar esconder todas essas perguntas atrás da anorexia, depois que passei a conversar com a Nina. Quero buscar um caminho que me possibilite encontrar respostas para minhas perguntas e viver como me convém.

3 de novembro de 1997

Tive alta da clínica porque alcancei o peso mínimo necessário. Isso basta. Ninguém sabe por que isso aconteceu, além de mim e da Nina. As pessoas estão convencidas de que seu plano de alimentação produziu a tal melhora. Elas que acreditem e sejam felizes com isso. Eu, em todo caso, estou feliz de ter deixado a clínica. Mas e agora? Preciso procurar um quarto para mim, não quero ficar em casa. A mamãe está preocupada, como sempre. Ela investe toda sua vitalidade apenas em se preocupar comigo, o que me aborrece. Tenho medo de não conseguir comer nada novamente, se ela continuar fazendo isso, porque sua forma de falar comigo me tira o apetite. Eu sinto o medo que ela tem, gostaria de ajudá-la, gostaria de comer para que ela não tenha medo de que emagreça novamente, mas não vou conseguir aguentar esse teatro todo por muito tempo. Só que não quero comer para que minha mãe não tenha medo de meu emagrecimento. Quero comer por ter prazer em comer. Mas a forma como ela lida comigo me estraga o prazer. Ela também me estraga sistematicamente outros prazeres. Quando quero encontrar a Monika, ela me diz que ela vive sob a influência de viciados. Quando estou falando com o Klaus ao telefone, ela diz que agora ele só tem meninas na cabeça e que desconfia dele. Quando falo com a tia Anna, vejo que ela tem ciúme da irmã, porque sou muito mais aberta com esta do que com ela. Sinto que tenho que ajustar e reduzir minha vida de tal forma que minha mãe não pire, que ela fique bem e que não reste mais nada de mim. O que seria isso senão uma anorexia no sentido psíquico? Emagrecer tanto psiquicamente, que nada mais resta da pessoa, para que a mãe fique tranquila e não tenha medos?

20 de janeiro de 1998

Aluguei um quarto para mim. Ainda estou surpresa por meus pais terem me permitido isso. Não sem resistências, mas com a ajuda da tia Anna, deu certo. Primeiro, fiquei bastante feliz de finalmente ter minha tranquilidade, já não ser constantemente controlada pela mamãe, poder organizar meu dia, eu mesma. Eu estava mesmo feliz, mas isso não durou muito. Repentinamente, passei a não suportar minha solidão, a indiferença da locadora do quarto me parecia ainda pior que a constante tutela da mamãe. Eu ansiei por tanto tempo pela liberdade, e agora que a tinha, ela me dava medo. A locadora do quarto, a senhora Kort, não se importa se eu como, o que e quando como, e eu quase não consigo suportar que isso lhe pareça ser totalmente indiferente. Eu ficava me censurando o tempo todo: o que eu quero realmente? Você mesma não sabe o que quer. Quando alguém se interessa por seu comportamento alimentar, você fica descontente, e, quando a pessoa é indiferente a ele, lhe falta alguma coisa. É difícil agradá-la porque você mesma não sabe o que quer.

Depois de ter conversado comigo mesma durante uma meia hora, ouvi, de repente, a voz de meus pais, que ressoava nos meus ouvidos. Eles estavam certos – eu tinha que me perguntar –, era verdade que eu não sabia o que queria? Aqui, neste quarto vazio, onde ninguém me atrapalha e posso dizer o que eu realmente desejo ardentemente, onde ninguém me interrompe, critica e desorienta, queria tentar descobrir o que realmente sinto e preciso. Mas só que eu não encontrava nenhuma palavra. Tinha como que um nó na garganta, sentia minhas lágrimas subirem, e só conseguia chorar. Somente depois de ter chorado um pouco é que a resposta veio por si mesma: eu só quero mesmo que eles me ouçam, que me levem a sério, que parem de corrigir, criticar, rejeitar constantemente. Gostaria de me sentir tão livre junto de vocês quanto me sinto com a Nina. Ela nunca me disse que eu não sabia o que queria. E, na presença dela, eu também sabia disso. Mas a forma que vocês têm de me corrigir me intimida, bloqueia meu conhecimento. Então, não sei como devo dizer isso, como devo ser para que vocês fiquem satisfeitos comigo, para que vocês possam me amar. Mas, se eu conseguisse encenar assim, seria amor o que eu receberia?

14 de fevereiro de 1998

Quando vejo, na TV, os pais que gritam desenfreadamente de alegria, porque o filho ganhou uma medalha de ouro nas Olimpíadas, uma tempestade me atravessa e eu penso: quem será que eles amaram durante vinte anos? O jovem, que empregou toda sua força nos exercícios para finalmente vivenciar esse momento de os pais terem orgulho dele? Mas ele se sente com isso amado por eles? Eles também teriam esse orgulho insano se o tivessem amado realmente, e ele precisaria ter recebido uma medalha se estivesse certo do amor de seus pais? Quem é que eles amavam, então? O ganhador da medalha de ouro ou o filho, que talvez tenha sofrido por falta de amor? Vi esse ganhador na tela, e, no momento em que ficou sabendo de sua vitória, ele se desmanchou em lágrimas que o abalaram. Não eram lágrimas de alívio, sentia-se o sofrimento que o abalava; possivelmente, só ele não estava consciente disso.

5 de março de 1998

Não quero ser como vocês querem que eu seja. Mas ainda não tenho coragem para ser como gostaria de ser, porque continuo sofrendo com a rejeição de vocês e com meu isolamento perto de vocês. Mas também não estou sozinha quando quero agradá-los? Aí, traio a mim mesma. Quando a mamãe ficou doente, há duas semanas, e precisou da minha ajuda, quase fiquei alegre por ter uma desculpa para vir para casa. Mas logo já não suportava a forma como ela se preocupava comigo. Não posso fazer nada se sempre sinto uma hipocrisia. Ela diz se preocupar comigo e, com isso, torna a si mesma indispensável para mim. Vivencio isso como um suborno para que eu acredite que ela me ama, mas, se ela me amasse, eu não sentiria esse amor? Não sou perversa. Percebo bem quando alguém gosta de mim, me deixa terminar de falar, se interessa pelo que digo. Mas, com a mamãe, só sinto que ela quer ser mimada e amada por mim. E, além disso, ela quer que eu acredite no contrário. Isso é chantagem! Talvez eu já tenha sentido isso quando criança, mas não podia falar, não sabia como. Só agora consigo me dar conta.

Por outro lado, sinto muito por ela, porque ela também tem fome de relações. Mas ela consegue perceber e mostrar isso ainda menos do que eu. Ela está como que trancada, e, nesse estar trancada, fica tão indefesa, que precisa constantemente restaurar seu poder, especialmente em relação a mim.

De novo, tento entendê-la. Quando vou me livrar disso finalmente? Quando vou deixar, de uma vez por todas, de ser a psicóloga da minha mãe? Procuro por ela, quero entendê-la, quero ajudá-la. Mas de nada adianta. Ela não quer se deixar ajudar, não quer ceder, ela parece só precisar de poder. E não vou mais entrar nesse jogo. Espero conseguir.

Com o papai é diferente. Ele domina com sua ausência, evita todos, torna qualquer encontro impossível. Mesmo quando eu era tão pequena e ele brincava com meu corpo, ele nunca disse nada. A mamãe é diferente. Ela é onipresente, seja em seus xingamentos e críticas, seja em sua carência e reclamações. Nunca consigo me esquivar da presença dela, mas não consigo usar esse alimento. Ele me destrói. Mas a ausência do papai também foi destrutiva para mim, porque eu, quando criança, precisava incondicionalmente de alimento. Onde deveria procurá-lo, se meus pais o negavam? O alimento de que eu tão urgentemente precisava teria sido uma relação, mas nem o papai nem a mamãe sabiam o que era, e temiam ter comigo um vínculo, porque eles mesmos haviam sofrido abuso e não tinham sido protegidos quando crianças. Agora, estou repetindo o mesmo esquema: agora, estou tentando entender o papai. Durante dezesseis anos fiz isso sem parar e agora quero me livrar disso. Ainda que o papai sempre tenha sofrido com a solidão, o fato é que ele me deixou crescer nessa solidão. Quando eu era criança, só me procurava quando precisava de mim, mas nunca estava presente quando eu precisava. E, mais tarde, ele sempre me evitava. Quero me ater a esse fato. Não quero evitar a realidade por mais tempo.

9 de abril de 1998

Voltei a emagrecer muito, e o psiquiatra da clínica nos deu o endereço de uma terapeuta. Ela se chama Susan. Falei duas vezes com ela. Ela é diferente do psiquiatra. Eu me sinto entendida por ela, e isso é um grande alívio. Ela não tenta me convencer de coisa alguma, ela ouve, mas conversa também, diz o que pensa e me incentiva a expressar meus pensamentos e a revelar meus sentimentos. Contei para ela sobre a Nina e chorei muito. Ainda não gosto de comer, mas, em compensação, entendo melhor e de maneira mais profunda por que é assim. Fui alimentada por dezesseis anos com um alimento incorreto, e estou farta disso. Ou vou conseguir o alimento certo e encontrar coragem para tanto com ajuda da Susan, ou vou continuar minha greve de fome. É uma greve de fome? Não consigo ver assim. Simplesmente, não tenho vontade nenhuma de comer, nenhum apetite. Não gosto das mentiras, não gosto da dissimulação, não gosto da esquiva. Gostaria tanto de conseguir conversar com meus pais, contar de mim para eles e ouvir deles o que lhes aconteceu quando eram crianças, como sentem o mundo hoje. Eles nunca falaram sobre isso. Tentaram constantemente me ensinar boas maneiras e sempre evitaram o que era pessoal. Agora estou cheia disso. Mas por que não continuo simplesmente? Por que sempre torno a voltar para casa e sofro com a forma como lidam comigo? É porque eles me fazem sofrer? Isso também, mas devo admitir que continuo precisando deles, que continuo sentindo falta deles, embora saiba que nunca poderão me dar o que gostaria de receber. Ou seja, minha razão sabe disso, mas a criança em mim não consegue entender, não pode saber disso. Ela também não quer saber, quer simplesmente que a amem, e não consegue entender que, desde o início, não recebeu amor. Conseguirei entender isso um dia?

A Susan acha que vou conseguir aprender a aceitar isso. Felizmente, ela não diz que estou enganada em meus sentimentos. Ela me incentiva a levar a sério minhas percepções e a acreditar nelas. Isso é maravilhoso, nunca vivenciei isso nessa medida. Nem mesmo com o Klaus. Quando conto alguma coisa ao Klaus, ele quase sempre diz: "Isso é o que você acha", como se ele pudesse saber melhor do que eu como sinto algo. Mas o pobre Klaus, que é tão importante para mim, só repete o que seus pais lhe disseram: "seus sentimentos o enganam, sabemos melhor do que você" etc. Os pais dele falam assim, provavelmente, por costume, porque é assim mesmo que se fala, pois, no fundo, são diferentes dos meus pais. Eles têm muito mais disposição para ouvir o Klaus e cuidar dele, sobretudo a mãe. Ela quase sempre lhe faz perguntas, e se sente que ela realmente quer entendê-lo. Eu ficaria feliz se minha mãe me fizesse essas perguntas. Mas o Klaus não gosta disso. Ele gostaria que ela o deixasse em paz e deixasse que ele mesmo descobrisse coisas, sem querer ajudá-lo o tempo todo. É um direito dele, mas essa postura do Klaus também cria uma distância entre nós. Ele não deixa que eu me aproxime dele. Gostaria de falar sobre isso com a Susan.

11 de julho de 1998

Como sou feliz pela Susan existir. Não apenas porque ela me ouve e me incentiva a me expressar da minha maneira, mas também porque sei que tem alguém ao meu lado e não preciso mudar a mim mesma para que ela goste de mim. Ela gosta de mim como sou. Isso é magnífico, não preciso me esforçar em nada para ser entendida. Ela simplesmente me entende. É um sentimento maravilhoso ser entendida. Não preciso viajar pelo mundo para encontrar pessoas que querem me ouvir e ficar decepcionada depois. Encontrei uma pessoa que pode fazer isso e, graças a essa pessoa, posso mensurar o quanto me enganei, com o Klaus, por exemplo. Ontem, fomos ao cinema, e, depois, tentei falar sobre o filme com ele. Expliquei por que a montagem tinha me decepcionado, embora as críticas fossem tão boas. Quanto a isso, ele só disse: "você é exigente demais". Aí me dei conta de que ele já tinha feito esse tipo de comentário antes, em vez de falar do conteúdo do que eu digo. Entretanto, sempre aceitei esse fato como algo normal porque, em casa, não ouvia outra coisa e, assim, estava acostumada com isso. Mas ontem me dei conta disso. Pensei que a Susan nunca reagiria assim; ela sempre responde ao que eu digo e, quando não me entende, pergunta. De repente, me dei conta de que sou amiga do Klaus há um ano e não ousei perceber que ele não me ouve em absoluto, que ele me evita da mesma maneira que o papai, e que eu considerava isso normal. Isso poderia mudar? Por que deveria mudar? Se o Klaus se esquiva, é porque tem suas razões, as quais não posso mudar. Mas, felizmente, começo a perceber que não gosto que me evitem e também expresso esse não gostar. Já não sou a criancinha com seu papai.

18 de julho de 1998

Contei a Susan que o Klaus me irrita algumas vezes e que não sei por quê. Eu até que gosto dele. São sempre coisas pequenas que me aborrecem, e me repreendo por isso. Ele me quer bem. Ele diz me amar, e sei que ele tem consideração por mim. Então, por que sou tão mesquinha? Por que coisas pequenas me exasperam? Por que não consigo ser mais generosa? Divaguei durante muito tempo, me culpava; a Susan me ouviu e, por fim, me perguntou que coisas pequenas eram essas. Ela queria saber tudo exatamente, e eu não queria abordar o assunto, mas, por fim, compreendi que podia divagar assim por horas e me culpar sem enxergar o que me aborrecia. Simplesmente, porque condenava meus sentimentos já antes de conseguir levá-los a sério e entendê-los.

Assim, comecei a falar sobre os detalhes concretos. Aí é que veio a história da carta. Eu tinha escrito uma carta bastante longa para ele e, nela, tinha tentado dizer como me sentia mal quando ele tentava me convencer sobre meus sentimentos. Quando ele diz, por exemplo, que eu vejo tudo de forma negativa, que me ligo a minúcias, que especulo sobre tudo o que não merece ser conversado. Que me preocupo com coisas sem razão. Essas falas me deixam triste, me sinto sozinha e tendo a me dizer o mesmo, para parar de ruminar, levar a vida pelo lado bom, não ser tão complicada. Mas descobri, graças à terapia com a Susan, que esses conselhos não me fazem bem, que eles me levam a um esforço sem sentido, do qual nada de bom pode resultar. Eu me sinto rejeitada da maneira como sou. Cada vez mais rejeitada. Inclusive rejeitada por mim, como o fui antes pela mamãe. Como é possível amar uma criança quando se quer que ela seja totalmente diferente do que é? Se eu quero constantemente ser diferente do que sou, e se o Klaus também quer isso de mim, não consigo me amar e tampouco acreditar que os outros me amem. Quem eles amam, então? A pessoa que eu sou, mas que quer se mudar, para que eles a consigam suportar? Não quero me esforçar por um "amor" assim, estou cansada disso.

E agora, incentivada pela minha terapia, escrevi tudo isso ao Klaus. Já estava com medo, ao escrever, que ele não entendesse nada disso. Ou então (era isso que eu mais temia) que ele entendesse tudo como críticas dirigidas a ele.

Mas não foi essa minha intenção em absoluto. Apenas tentei me abrir e esperava que, assim, o Klaus me entendesse melhor. Eu escrevi de forma bem clara por que estou mudando neste momento, e queria incluí-lo nisso, não queria deixá-lo de fora.

A resposta dele não chegou imediatamente. Já estava com medo de sua raiva, de sua impaciência com minha constante ruminação, sua rejeição, mas esperava ainda um posicionamento quanto ao que havia escrito. Em vez disso, depois de esperar vários dias, recebi uma carta de suas férias que me deixou estupefata. Ele me agradecia pela minha carta, mas não mencionava seu conteúdo em nenhuma palavra. Em compensação, me contava o que estava fazendo nas férias, quais passeios de montanha ainda pretendia fazer e com que pessoas saía à noite. Aí, fiquei destruída, no chão. Meu bom-senso sadio me dizia que eu havia exigido demais dele com essa carta. Que ele não estava acostumado a lidar com os sentimentos de outras pessoas, nem mesmo com os seus próprios, e não sabia o que fazer com minha carta. Mas, se eu quisesse levar a sério meus sentimentos, essa reflexão do bom-senso sadio não me ajudava. Eu me sentia como que destroçada, como se não tivesse escrito absolutamente nada. Quem sou eu, então, pensava, se me tratam como ninguém? Eu me sentia assassinada em minha alma.

Quando me aproximei desses sentimentos em minha terapia com a Susan, chorei como uma criancinha que, de fato, corre o risco de ser assassinada. Felizmente, a Susan não tentou me dissuadir desse sentimento e dizer que não existia nenhum risco naquele momento. Ela me deixou chorar, me abraçou como a uma criancinha, me fez carinho nas costas e, naquele instante, ficou claro para mim que nunca experimentei outra coisa na infância, senão ser assassinada na alma. O que eu estava vivendo com o Klaus, que simplesmente tinha ignorado a minha carta, não era uma experiência nova. Eu já a conhecia muito bem, há muito tempo. Novo era apenas o fato de que eu, pela primeira vez, conseguia reagir com dor a essa experiência, conseguia sentir a dor. Na infância, não havia ninguém que me possibilitasse isso. Ninguém me abraçou e me mostrou tanta compreensão como eu sentia agora com a Susan. Antes, para mim, a dor era inacessível, e, mais tarde, a manifestei na anorexia, sem entendê-la.

A anorexia sempre repetia que eu estava passando fome quando ninguém queria falar comigo. Quanto mais fome passo, mais recebo do ambiente sinais de total incompreensão. Como a reação do Klaus a minha carta. Os médicos me deram várias instruções; os pais reforçaram que o psiquiatra dizia que eu morreria se não começasse a comer e tinha me dado remédios para que eu conseguisse comer. Todos queriam me obrigar a ter apetite, mas eu não tinha apetite nenhum dessa forma de comunicação falha que me ofereciam. E aquilo pelo que eu ansiava parecia impossível.

Até o momento em que me senti tão profundamente compreendida pela Susan. Esse momento me devolveu a esperança, que talvez toda pessoa tenha quando nasce, de que pode existir uma troca verdadeira. Toda criança tenta, de alguma forma, encontrar a mãe. Mas, quando a resposta falta totalmente, ela perde a esperança. Nessa recusa da mãe talvez esteja a raiz da desesperança como um todo. A partir daí, com a Susan, a esperança parecia se reavivar em mim. Não quero mais conviver com pessoas como o Klaus, que, como eu antes, desistiram da esperança de uma conversa aberta; gostaria de encontrar outras pessoas, com as quais pudesse falar sobre meu passado. Provavelmente, a maioria delas teria medo se eu mencionasse minha infância, mas talvez uma ou outra também queira se abrir. Só com a Susan me sinto deslocada para outro mundo. Já não consigo entender como suportei o Klaus por tanto tempo. Quanto mais me aproximo da relação com meu pai em minhas lembranças, mais claramente percebo a origem do meu vínculo com o Klaus e com amigos parecidos.

31 de dezembro de 2000

Há muito tempo não escrevo nada, e, hoje, depois de dois meses de distância, li minhas notas do diário da terapia. Não durou tanto tempo assim, comparando com a longa terapia que eu tive que suportar por causa de minha anorexia. Agora, percebo claramente como estava separada dos meus sentimentos e ainda me apegava à esperança de, algum dia, vir a ter uma relação verdadeira com meus pais. Mas, desde então, isso tudo mudou. Há um ano já não faço terapia com a Susan e já não preciso dela, porque agora posso dar à criança em mim a compreensão que vivenciei com ela, pela primeira vez na vida. Agora, acompanho a criança que um dia fui e que continua vivendo em mim. Consigo respeitar os sinais de meu corpo, não exerço nenhuma pressão sobre ele e vejo, nele, que os sintomas desapareceram. Já não sofro de anorexia, tenho apetite para comer e para viver. Tenho meus próprios amigos, com os quais posso falar abertamente, sem ter medo de ser julgada. As antigas expectativas em relação aos meus pais se dissolveram como que por si mesmas desde que não só a parte adulta mas também a criança em mim entenderam como sua ânsia foi completamente rejeitada e recusada. Agora, já não me sinto atraída por pessoas que também precisam frustrar minha necessidade de abertura e de sinceridade. Encontro pessoas com necessidades semelhantes às minhas, já não sofro com palpitações noturnas, nem com o medo de estar entrando em um túnel. Tenho peso normal, minhas funções corporais se estabilizaram, não tomo nenhum medicamento, mas também evito contatos aos quais sei que poderia reagir alergicamente. E sei por quê. Dentre esses contatos estão também meus pais e alguns familiares que, durante anos, me deram conselhos.

Apesar dessa virada positiva, a pessoa real, que, aqui, chamo de Anita, experimentou uma derrota de peso quando sua mãe conseguiu fazer com que ela a visitasse novamente. Ela ficou doente e culpou Anita por sua enfermidade, porque esta deveria bem saber o quanto a mãe seria afetada por seu retraimento. Como ela podia fazer isso com ela?

Essa encenação acontece muito frequentemente. A posição da mãe dá-lhe, aparentemente, um poder ilimitado sobre a consciência da filha adulta, e o que esta não conseguiu da própria mãe quando criança, a presença e a assistência, ela pode facilmente extorquir se souber lhe inculcar sentimentos de culpa.

Todo o sucesso da terapia parecia correr perigo quando Anita viu-se invadida pelos antigos sentimentos de culpa. Felizmente, os sintomas da anorexia não voltaram a se apresentar, mas as visitas à mãe permitiram a Anita perceber claramente que ela devia esperar novas depressões se não se decidisse pela "dureza", que lhe fora imposta pela extorsão emocional, e parasse com as visitas. Por isso, ela voltou a procurar Susan na esperança de ter sua ajuda e apoio.

Para sua grande surpresa, encontrou uma Susan que não havia conhecido até então. Esta tentou deixar claro para ela que ainda lhe faltava um pouco de trabalho analítico se ela quisesse se livrar definitivamente de seus sentimentos de culpa, mais exatamente, a dissolução de seu complexo edípico. A exploração sexual por parte do pai teria deixado nela sentimentos de culpa, que ela tentaria a vida toda compensar junto da mãe.

Anita não sabia o que fazer com essa interpretação, não conseguia sentir nada com ela, a não ser o aborrecimento por ter sido manipulada. Agora, ela via Susan como uma prisioneira da Escola Psicanalítica, que, não obstante as múltiplas certezas, parece não ter conseguido questionar seus dogmas de forma suficiente. Ela tinha conseguido ajudá-la tanto a se livrar do modelo da Pedagogia Negra, mas, agora, lhe revelava uma dependência quanto aos pontos de vista de sua formação que soava totalmente falsa aos ouvidos de Anita. Ela era quase trinta anos mais nova do que Susan e não precisava se submeter a dogmas que eram naturais para a geração anterior.

Assim, Anita despediu-se de Susan e encontrou um grupo de pessoas da mesma idade que ela que já tinham feito experiências semelhantes nas terapias e buscavam formas de comunicação desvinculadas da educação. Foi então que ela recebeu a confirmação de que precisava para escapar da "sucção" [*grifo nosso*] da família e não se deixar convencer por teorias que em nada lhe esclareciam. A depressão desapareceu, e a anorexia também não tornou a voltar.

A anorexia é considerada uma enfermidade muito complexa, algumas vezes com um desfecho fatal. A pessoa martiriza-se até a morte. Entretanto, para entender essa doença, precisamos ter em mente o que essa pessoa sofreu quando criança e como foi psiquicamente maltratada por seus pais, quando estes lhe negaram o importante alimento emocional. Essa afirmação parece despertar tanto mal-estar entre os médicos, que eles se apegam mais à ideia de que a anorexia seria incompreensível e de que não pode ser curada, embora possa ser tratada com medicamentos. Mal-entendidos assim surgem nos casos em que as histórias contadas pelo corpo são ignoradas e sacrificadas no altar da moral, em nome do quarto mandamento.

Anita aprendeu pela primeira vez com Nina, depois com Susan e, finalmente, no grupo que tinha o direito de insistir em sua necessidade de uma *comunicação nutritiva*, que não precisava nunca mais renunciar a esse alimento, que não conseguia viver na presença de sua mãe sem pagar isso com depressões. Isso bastou a seu corpo, que ela já não precisava censurar a partir de então, porque respeitava suas necessidades e já não se deixava culpar por ninguém por causa dele, desde que fosse fiel aos seus sentimentos.

Graças a Nina, Anita experimentou pela primeira vez, na clínica, que pode existir algo como calor humano e interesse, sem exigências e acusações. Então, ela teve a sorte de encontrar em Susan uma terapeuta que conseguia ouvir e sentir, na qual ela deparou com suas próprias emoções e ousou vivenciá-las e expressá-las. A partir de então, ela soube qual era o alimento que procurava e de que precisava, pôde estabelecer novas relações e terminar as antigas, das quais ela esperava algo que ela não conhecia. Com Susan, ela recebeu isso e, mais tarde, graças a essa experiência, pôde reconhecer também os limites da terapeuta. E nunca mais precisou se encafurnar em um buraco para fugir das mentiras que lhe eram oferecidas. A cada vez, ela irá se confrontar com sua verdade e não precisará nunca mais passar fome, porque, agora, a vida vale a pena para ela.

Na realidade, a narrativa de Anita não necessita comentários; os fatos que ela descreve indicam a regra que essa história reflete. Na origem da enfermidade estava o fato de Anita passar fome por falta de contato afetivo verdadeiro com os pais e companheiros. E a cura torna-se viável, finalmente, a partir do momento em que é possível fazer a experiência de que, hoje, para Anita, existem pessoas que querem e conseguem entender.

Dentre as emoções reprimidas (ou recalcadas, ou clivadas) que estão estocadas em nossas células corporais está, sobretudo, o medo. Uma criança que apanha deveria ter sempre medo de outros tapas, mas não consegue viver com o conhecimento de que é tratada de forma cruel. Ela precisa recalcar esse medo. Do mesmo modo, uma criança negligenciada não consegue viver conscientemente sua dor, que dirá expressá-la, por receio de ser totalmente abandonada. Então, ela continua em um mundo irreal, maquiado, ilusório.

Quando, agora, no adulto, as emoções um dia reprimidas são liberadas por um evento totalmente banal, elas quase não são compreendidas. "Eu? Medo de minha mãe? Mas ela é totalmente indefesa, trata-me com gentileza, se esforça muito. Como posso ter medo dela?" Ou, em outro caso: "Minha mãe é horrível. Mas eu sei bem disso, por isso cortei todo tipo de relação com ela, sou totalmente independente dela." Isso até pode parecer verdadeiro para a pessoa adulta. Mas também pode ser que, nela, ainda viva a criança pequena, não integrada, cujos medos pavorosos nunca puderam ser admitidos, nunca puderam ser conscientemente vivenciados e, por isso, dirigem-se a outras pessoas. Esses medos podem nos invadir repentinamente sem razão visível e nos levar ao pânico. O medo inconsciente do pai ou da mãe pode perdurar por décadas se não foi vivenciado na presença de uma Testemunha Esclarecida.

No caso de Anita, por exemplo, ele se mostrou em sua desconfiança em relação a todo o pessoal da clínica e em sua incapacidade de comer. A desconfiança podia até se justificar muitas vezes, mas talvez não sempre. Isso é que é perturbador. O corpo insistia em dizer: não quero isso, sem dizer o que queria. Só depois que Anita conseguiu vivenciar suas emoções na presença de Susan, só depois que ela descobriu em si os medos bastante antigos de uma mãe totalmente fechada do ponto de vista emocional é que ela conseguiu se livrar deles. A partir daí, ela pôde se orientar melhor no presente, porque conseguia distinguir melhor.

Sabia, agora, que não precisava se esforçar por muito tempo para levar Klaus a ter um diálogo sincero, aberto, porque só dependia dele mudar sua postura. Klaus deixou de ser o substituto de sua mãe. Por outro lado, de repente, ela descobriu pessoas a sua volta que eram diferentes de sua mãe e de seu pai, e das quais ela já não precisava se proteger. Como, agora, ela tinha sido familiarizada com a história da pequena Anita, já não precisava temê-la e encená-la em novas versões. Ela passou a conseguir se orientar cada vez melhor no presente, distinguindo o hoje do ontem. Em seu recém-descoberto prazer de comer refletia-se seu prazer no contato com pessoas que estavam abertas para ela, sem que ela precisasse se esforçar. Anita gozou plenamente da troca com elas e, algumas vezes, perguntava-se, surpresa, onde tinham ficado a desconfiança e os medos que a haviam separado por tanto tempo de quase todas as pessoas próximas. De fato, eles haviam desaparecido desde que o presente já não estava tão indissoluvelmente entrelaçado com o passado.

Sabemos que muitos jovens encaram a psiquiatria com desconfiança. Eles não se deixam convencer facilmente pela ideia de que "queremos o bem deles", ainda que esse possa realmente ser o caso. Esperam todo tipo de manhas, os velhos conhecidos argumentos da Pedagogia Negra em defesa da moral, tudo aquilo que lhes é conhecido e suspeito, desde que são pequenos. Primeiramente, o terapeuta deve ganhar a confiança de seu paciente, mas como ele pode conseguir isso quando aquele que está diante dele sempre tem que voltar a experimentar que abusaram de sua confiança? Não deve ele trabalhar na construção de meses ou anos de uma relação sustentadora?

Não acredito. Fiz a experiência de que inclusive pessoas muito desconfiadas prestam atenção e se abrem quando se sentem realmente compreendidas e aceitas. Assim foi com Anita, quando ela encontrou Nina, a moça portuguesa, e, mais tarde, Susan, sua terapeuta. Seu corpo ajudou-a rapidamente a deixar a desconfiança, desenvolvendo o apetite pela comida ao identificar o verdadeiro alimento. A oferta de um querer entender sincero é muito rapidamente identificável, porque não pode ser simulada. Até mesmo um jovem receoso logo vê quando, por trás dela, esconde-se uma pessoa autêntica e não uma fachada, mas nenhum traço de falsidade pode estar por trás da ajuda oferecida.

O corpo perceberia isso mais cedo ou mais tarde, e nem as palavras mais bonitas conseguiriam desorientá-lo, ao menos não por muito tempo.

Posfácio
(Síntese)

Bater em crianças é sempre um mau trato com consequências graves que, muitas vezes, duram por toda a vida. A violência experimentada é armazenada no corpo da criança e, mais tarde, dirigida pelo adulto contra outras pessoas, ou até mesmo povos, ou, então, é dirigida pela criança que um dia apanhou contra si mesma, e leva a depressões, toxicomania, enfermidades graves, suicídio ou morte prematura. A primeira parte do livro ilustra por que vias essa contestação da verdade da crueldade, uma vez experimentada, torpedeia a tarefa biológica de manutenção da vida e bloqueia as funções de conservação da vida exercidas pelo corpo.

A ideia de que devemos lidar com nossos pais até a própria morte com um respeito receoso repousa sobre dois pilares. O primeiro consiste no vínculo (destrutivo) da criança um dia maltratada com seus carrascos, da forma como ele se manifesta raramente no comportamento masoquista, chegando até a perversões graves. O segundo pilar consiste na moral, que há séculos nos ameaça com a morte prematura se ousarmos não honrar nossos pais, não importando o que eles tenham feito conosco.

O efeito imenso que essa moral amedrontadora exerce sobre a criança um dia maltratada deveria ser notório. Todo aquele que apanhou quando criança é suscetível ao medo, e todo aquele que nunca experimentou o amor anseia por isso, algumas vezes por toda sua vida. Essa ânsia, que contém uma grande quantidade de expectativas, junto com o medo, forma o terreno propício à conservação do quarto mandamento. Ele representa o poder do adulto sobre a criança, que se reflete em todas as religiões de uma forma evidente.

Neste livro, expresso a esperança de que, com o conhecimento psicológico crescente, o poder do quarto mandamento possa diminuir em benefício da consideração das necessidades biológicas vitais do corpo, dentre outras, de verdade, de fidelidade para consigo mesmo, para com suas percepções, sentimentos e conclusões. Quando a expressão genuína é almejada em uma comunicação verdadeira, tudo o que foi estruturado sobre mentiras e hipocrisia desliga-se de mim. Então, não posso almejar uma relação na qual afirmo ter sentimentos que não experimento ou reprimo outros que claramente experimento. Não posso caracterizar como amor um amor que exclui a sinceridade.

Os pontos seguintes podem resumir essas ideias:

1. O "amor" da criança um dia maltratada por seus pais não é amor. Ele é um *vínculo* carregado de expectativas, ilusões e recusas, que exige um preço alto de todos os envolvidos.

2. O *preço* desse vínculo é pago, em primeiro lugar, pelos filhos, que crescem no espírito da mentira, porque lhes é infligido automaticamente o que se diz ter sido "feito de bom" à pessoa. Também não é raro que a pessoa em questão pague por sua recusa com problemas de saúde, porque sua "gratidão" está em contradição com o conhecimento de seu corpo.

3. O *insucesso de muitíssimas terapias* pode ser explicado pelo fato de muitíssimos terapeutas encontrarem-se, eles mesmos, na armadilha da moral tradicional e tentarem atrair seus pacientes da mesma forma para dentro dela, porque não conhecem outra coisa. Desse modo, por exemplo, assim que a paciente começa a sentir e se torna capaz de condenar claramente os atos de seu pai incestuoso, possivelmente cresce, na terapeuta, o medo do castigo por parte dos próprios pais se ela enxergasse e expressasse sua verdade. De que outra forma é possível entender que o perdão seja oferecido como meio de cura? Os terapeutas o aconselham frequentemente para tranquilizar a si mesmos, como os pais também o fizeram. Porém, como as mensagens do terapeuta soam muito semelhantes às dos antigos pais, mas, muitas vezes, articuladas de maneira mais amigável, o paciente precisa de muito tempo para discernir a pedagogia. Quando ele finalmente percebe, não consegue abandonar o terapeuta porque, entretempo, o novo vínculo tóxico já foi desenvolvido. Para ele, agora, o terapeuta é a mãe, que o ajudou a nascer porque, com ele, começou a sentir. Assim, ele continua a esperar a salvação do terapeuta, em vez de ouvir seu corpo, que lhe oferece ajuda com seus sinais.

4. Mas, quando ele tem a sorte de ser acompanhado por uma Testemunha Esclarecida, consegue suportar e entender seu medo dos pais (ou figuras paternas) e, gradualmente, *dissolver os vínculos destrutivos*. A reação positiva do corpo não se fará esperar muito tempo, suas mensagens vão se tornar cada vez mais compreensíveis para ele: elas param de falar por meio de sintomas misteriosos. Então, ele descobrirá que seus terapeutas enganaram a si

mesmos e a ele (muitas vezes, sem querer), pois o perdão *impede* justamente a cicatrização das feridas, para não falar de sua cura. E ele nunca será capaz de acabar com a compulsão à repetição. Qualquer um pode constatar isso em si mesmo.

Neste livro, tentei mostrar que algumas opiniões que se diz serem corretas já foram consideradas há muito tempo, pela ciência, ultrapassadas. Dentre elas, estão, por exemplo, as convicções de que o perdão opera uma cura, de que um mandamento pode gerar amor ou de que o fingimento é compatível com a exigência de sinceridade. No entanto, com minha crítica a essas ideias errôneas não pretendo afirmar que não reconheço nenhum valor moral em absoluto ou que rejeito a moral como um todo, como demonstram algumas vezes, hoje, os "advogados do diabo" provocativos (*cf.*, por exemplo, o artigo em *Der Spiegel on line* de 18/12/2003, de Alexander Smoltczyk: "Saddams Verteidiger. Tyranosaurus Lex". [Os defensores de Saddam. Tyranosaurus Lex]).

Muito pelo contrário, é justamente porque determinados valores, como integridade, consciência, responsabilidade ou fidelidade consigo mesmo, são tão importantes para mim que tenho dificuldades com a recusa de realidades que me parecem evidentes e são empiricamente demonstráveis.

A fuga do sofrimento suportado na infância pode ser observada tanto na obediência religiosa quanto no cinismo, na ironia e em outras formas de autoalienação, que se camuflam, entre outros, como filosofia ou literatura. Contudo, o corpo termina por se rebelar. Mesmo quando se deixa apaziguar com a ajuda de drogas, cigarros e medicamentos, ele conserva a última palavra, porque discerne mais rapidamente o autoengano do que nosso entendimento, especialmente quando este foi educado a funcionar no falso Eu. Pode-se ignorar as mensagens do corpo ou debochar delas, mas, em todo caso, vale a pena levar em consideração sua revolta. É que a sua língua é a expressão autêntica de nosso verdadeiro Eu e a força de nossa vitalidade.

Referências bibliográficas

Anônimo. "Lass mich die Nacht überleben", in: *Der Spiegel*, nº 28, 7 jul. 2003.

Becker, Jurek. *Ende des Größenwahns. Aufsätze, Vorträge*, Frankfurt am Main, Suhrkamp, 1996.

Bonnefoy, Yves. *Rimbaud*. Com testemunhos autênticos e documentos ilustrados. Trad. alemã J.-M. Zemb, Reinbek bei Hamburg, Rowohlt Taschenbuch Verlag, ⁷1999 [1962].

Burschell, Friedrich. *Friedrich Schiller in Selbstzeugnissen und Bilddokumenten*, Reinbek bei Hamburg, Rowohlt Taschenbuch Verlag, 1958.

Damásio, António R. "Auch Schnecken haben Emotionen", entrevista, in: *Der Spiegel*, nº 49, 1º dez. 2003.

DeSalvo, Louise. *Virginia Woolf – Die Auswirkungen sexuellen Mißbrauchs auf ihr Leben und Werk*, Munique, Verlag Antje Kunstmann, 1990.

James, Oliver. *They F*** You Up*, Londres, Bloomsbury, 2002.

Joyce, James. *Briefe*. Selecionadas por Rudolf Hartung da edição de três volumes, publicada por Richard Ellmann. Trad. alemã Kurt Heinrich Hansen, Frankfurt am Main, Suhrkamp, 1975.

Kertész, Imre. *Roman eines Schicksalslosen*, Reinbek bei Hamburg, Rowohlt Taschenbuch Verlag, 2002 [1998]. [*Sem destino*, São Paulo, Planeta do Brasil, 2003.]

Lavrin, Janko. *Dostojewskij*. Com testemunhos autênticos e documentos ilustrados. Trad. alemã Rolf-Dietrich Keil, Reinbek bei Hamburg, Rowohlt Taschenbuch Verlag, ²⁶2001 [1963].

Mauriac, Claude. *Marcel Proust*. Com testemunhos autênticos e documentos ilustrados. Trad. alemã Eva Rechel-Mertens,

Reinbek bei Hamburg, Rowohlt Taschenbuch Verlag, ^{17}2002 [1958].

Meyer, Kristina. *Das doppelte Geheimnis. Weg einer Heilung – Analyse und Therapie eines sexuellen Mißbrauchs*, Friburgo em Breisgau/Basileia/Viena, Herder, 1994.

Miller, Alice. *Am Anfang war Erziehung*, Frankfurt am Main, Suhrkamp, 1980. [*No princípio era a educação*, São Paulo, Martins Fontes, 2006.]

Miller, Alice. *Das Drama des begabten Kindes und die Suche nach dem wahren Selbst. Eine Um- und Fortschreibung*, Frankfurt am Main, Suhrkamp, 1997. [*O drama da criança bem-dotada*, São Paulo, Summus, 1997.]

Miller, Alice. *Wege des Lebens. Sieben Geschichten*, Frankfurt am Main, Suhrkamp, 1998a.

Miller, Alice. *Du sollst nicht merken. Variationen über das Paradies-Thema*, Frankfurt am Main, Suhrkamp, ed. rev. 1998b. [*Não perceberás: variações sobre o tema do paraíso*, São Paulo, Martins Fontes, 2006.]

Miller, Alice. *Evas Erwachen. Über die Auflösung emotionaler Blindheit*, Frankfurt am Main, Suhrkamp, 2001. [*A verdade liberta*, São Paulo, Martins Fontes, 2004.]

Miller, Alice. *Abbruch der Schweigemauer*, Frankfurt am Main, Suhrkamp, 2003 [Hamburgo, Hoffman und Campe, 1990].

Miller, Alice. "Mitleid mit dem Vater. Über Saddam Hussein", *in*: *Spiegel on line*, 12 jan. 2004.

Miller, Judith/Mylroie, Laurie: *Saddam Hussein and the Crisis in the Gulf*, Nova York, Times Books, 1990.

Mishima, Yukio. *Geständnis einer Maske*. Romance. Trad. alemã Helmut Hilzheimer, Reinbek bei Hamburg, Rowohlt Taschenbuch Verlag, 2002 [1964]. [*Confissões de uma máscara*, São Paulo, Companhia das Letras, 2004.]

Proust, Marcel. *Briefwechsel mit der Mutter*. Sel. e trad. alemã Helga Rieger. Com prefácio e comentários de Philip Kolb, Frankfurt am Main, Suhrkamp, 1970.

Proust, Marcel. *Jean Santeuil*. Trad. alemã Eva Rechel-Mertens; revisado e complementado por Luzius Keller, Frankfurt am Main, Suhrkamp, 1992.

Tchekhov, Anton P. *Briefe*. Editado e publicado por Peter Urban, Zurique, Diogenes Verlag, 1979.

GRÁFICA PAYM
Tel. [11] 4392-3344
paym@graficapaym.com.br